童蒙养正　顺性而为

您好

我会应答

礼仪文化墙

礼仪文化墙

自制礼仪书大家看

礼仪情景剧《文明车厢》

礼仪情景剧《花木兰》

丰富多彩的园部礼仪活动

知行统一

幼儿礼仪教育研究案例集

周巍 ◎ 主编

广西师范大学出版社

·桂林·

图书在版编目(CIP)数据

知行统一：幼儿礼仪教育研究案例集 / 周巍主编. —桂林：
广西师范大学出版社，2018.6
　(幼儿园优秀课案集锦)
　ISBN 978 - 7 - 5598 - 0882 - 0

　Ⅰ. ①知… Ⅱ. ①周… Ⅲ. ①礼仪-学前教育-教学参考
资料 Ⅳ. ①G611

中国版本图书馆 CIP 数据核字(2018)第 092251 号

出 品 人：刘广汉
责任编辑：李　梅
助理编辑：孙　洁
封面设计：张瑷俪　李会丽
内文设计：王鸣豪

广西师范大学出版社出版发行

（广西桂林市五里店路9号　　邮政编码：541004）
（网址：http://www.bbtpress.com）
出版人：张艺兵
全国新华书店经销
销售热线：021 - 65200318　021 - 31260822 - 898
山东临沂新华印刷物流集团有限责任公司印刷
（临沂高新技术产业开发区新华路1号　邮政编码：276017）
开本：720mm × 1 000mm　　1/16
印张：15.5　　插页：1　　字数：200 千字
2018 年 6 月第 1 版　　2018 年 6 月第 1 次印刷
定价：49.00 元

如发现印装质量问题，影响阅读，请与印刷单位联系调换。

目 录

实践篇

礼仪活动案例

礼仪情景剧

教育故事

附　录

前　言

　　福山同乐幼儿园开办于 2007 年 2 月，十余年间，积极探索国际理解教育理念下的幼儿礼俗启蒙教育课程实践，致力于建构幼儿礼仪素养课程体系，促进幼儿礼仪"知行统一"。2008 年，在区级课题《幼儿园"礼俗"文化启蒙教育实践与研究》引领下，开启幼儿礼俗文化启蒙教育研究之路。2012 年，相继开展区级重点课题《幼儿礼仪素养课程建构的实践与研究》，深化幼儿礼仪启蒙教育实践。2013 年，申报了市级项目《开展知行统一的幼儿礼仪教育行动研究》，力图通过调查研究了解当前幼儿礼仪知行现状，加强幼儿礼仪素养课程实施，让幼儿在多途径、多方式的感知、体验活动中，初步形成文明卫生的生活态度与习惯，初步了解并遵守共同生活所必需的规则，形成对待他人的良好态度和行为方式，逐渐培养幼儿律己与交往的能力，养成尊重他人、宽容、礼貌、友好、协作的品质，促使幼儿认知、情感、行为获得发展，最终让幼儿具有健康文明的行为习惯与生活方式，获得幼儿阶段应该具备的礼仪素养，奠定幼儿发展核心素养中社会心理能力的坚实基础。

一、课题要点

1. 幼儿礼仪教育的价值无可争议

　　通过文献研究发现，国内外教育工作者对儿童礼仪教育的诸多研究证明，开展幼儿礼仪教育有利于培养幼儿的生活常识，有利于对幼儿进行道德教育，有利于中华民族优秀文化传统的传承，有利于增强幼儿学会共处的能力，有利于促进幼儿的社会化等。中国作为有五千多年文明史的"礼仪之邦"，讲文明、懂礼仪，是弘扬民族文化、展示民族精神的重要途径。因此，对幼儿开展礼仪教育是十分紧迫与必需的，是弘扬与传承中华传统礼仪文化的迫切需要。

2. "知行统一"才是真正的"有礼仪"

所谓礼仪是指在人际接触、社会交往中表示互相尊重、友善的礼貌、礼节和约束自己、尊重他人的准则。我们认为礼仪是一种道德规范，是源自个体内在的"礼仪素养"，其本质是一种内在的高尚德行与美好修养。所谓"知行统一"的幼儿礼仪教育，即"知"是指礼仪知识，"行"是指礼仪实践。我们认为在幼儿礼仪教育中，不仅要让幼儿具备礼仪知识（即"知道"），尤其应当践行礼仪之举（即"行"，能正确地做出来），只有把"知"和"行"统一起来，才能称得上"有礼仪"。

3. 在系统礼仪课程实践中改变幼儿知行脱节现状

当前幼儿礼仪教育存在知行不统一的现状。许多幼儿对礼仪知识或不知，或知之甚少，或知道但做不到，或做了却不知其所以然。幼儿阶段是培养正确礼仪的重要时期，因此，幼儿园应抓好这个关键时期对幼儿进行礼仪教育，科学建构并实施幼儿礼仪课程，通过实施系统的幼儿礼仪课程，让幼儿在多途径、多方式的感知、体验活动中，初步形成礼仪认知、萌发礼仪情意、获得礼仪行为，实现知行统一，逐渐培养律己与交往的能力，养成尊重他人、宽容、礼貌、友好、协作的品质，促使幼儿认知、情感、行为获得发展，改变幼儿礼仪知行脱节现状，使幼儿从小学礼、知礼、懂礼、用礼，实现礼仪的"知行统一"，将使幼儿终身受益。

基于对礼仪教育自身价值、幼儿礼仪知行统一需要、幼儿园深入研究以形成特色需要三个主要方面的考量，我们于2013年开始市级课题《开展知行统一的幼儿礼仪教育行动研究》实践。

二、研究过程

福山同乐幼儿园开展知行统一的幼儿礼仪教育行动研究课题，在上海市教科院普教所、浦东新区教发院教科室吕萍等有关专家指导下，组织全园教师进行了实践与探索。

1. 准备阶段（2013.6—2014.6）

幼儿园建立课题组，分工、落实研究任务；制定课题研究计划，设计课题研究方案，整理课题研究思路，明确课题研究目标、内容、方法、步骤以及研究成果形式；开展调查，了解幼儿礼仪认知与行为现状，确立个案跟踪对象。

2. 实施阶段（2014.7—2017.1）

根据调查结果，梳理礼仪认知与行为规范内容；开展教师培训，帮助教师理解课题意义、熟悉课程内容与实施方法；根据研究方案，开展实践探索；进行阶段成果总结与交流。

3. 总结阶段（2017.2—2017.9）

整理、分析研究材料，撰写课题研究总结报告；汇编成果集；聘请专家、学者，进行课题研究成果结题论证；召开研究成果汇报会。

三、研究成果

1. 优化幼儿园礼仪教育课程体系

研究不断优化幼儿园礼仪素养培养课程操作体系，明确幼儿礼仪素养课程内涵、背景、培养目标、内容、途径、方法与评价等，为幼儿园教师实施"知行统一的幼儿礼仪教育"提供了支架与跑道。

2. 促进幼儿礼仪"知行统一"

据幼儿行为检测结果显示，研究有效促进了幼儿个人生活礼仪、公共生活礼仪以及交往过程礼仪的知行统一，研究萌发了幼儿的"礼仪情感"，促进了幼儿良好行为习惯的养成。

3. 提高教师礼仪教育能力

研究让老师们成为礼仪楷模；拥有创设富有礼仪文化特色园所环境的能

力；提高家庭礼仪教育指导能力；提高教师挖掘礼仪教育资源、开展多样化礼仪教育的能力；分析教材、驾驭教材以及根据现有资源创编使用教材、开展幼儿礼仪评价等研究能力也得到提高。

4．凝聚家园社区礼仪教育合力

研究有效整合了园内外幼儿礼仪教育资源，使幼儿园、家庭、社区礼仪资源得到共享。

研究也带给我们诸多启示："知行统一"的幼儿礼仪教育须在礼仪环境中"润物无声"；"知行统一"的幼儿礼仪教育须在行为练习中"融合转化"；"知行统一"的幼儿礼仪教育须在评价激励中"逐步养成"；"知行统一"的幼儿礼仪教育须在家园携手中"合力共育"。

本书是课题组全体教师近几年来辛勤劳动的汗水结晶。由于编写水平有限，因此缺点与不足在所难免，敬请学前教育界同仁批评、指正。

编　者

2017 年 9 月

理论篇

◎ 研究报告

◎ 经验论文

研究报告

开展知行统一的幼儿礼仪教育行动研究[*]

浦东新区福山同乐幼儿园课题组

"幼儿礼仪"是指幼儿阶段所应有的礼仪认知、礼仪行为、遵守礼仪的自觉意识与态度。"礼仪"是源自个体内在的"礼仪素养",其本质是一种内在的高尚德行与美好修养。国内外诸多研究证明,幼儿礼仪教育有利于培养幼儿生活常识,有利于对幼儿进行道德教育,有利于传承中华民族优秀文化传统,有利于增强幼儿学会生存及共处的能力,有利于促进幼儿社会化等,幼儿礼仪教育价值无可争议。然而,当前幼儿礼仪教育存在"知行"不统一现状。许多幼儿对礼仪知识或不知,或知之甚少,或知道但做不到,或做了却不知其所以然。

为此,2012年,我园申报并成功立项了《幼儿礼仪素养课程建构的实践与研究》区级重点课题,并深入开展实践与研究,力图建构幼儿园礼仪素养培养课程操作体系,即幼儿礼仪素养培养的目标、内容、途径、方法与评价,补充在幼儿礼仪素养培养上课程教材的不足,积累相关实践经验。在此基础上,2013年申报了市级项目《开展知行统一的幼儿礼仪教育行动研究》,力图通过调查研究了解当前幼儿礼仪知行现状,加强幼儿礼仪素养课程实施,让幼儿在多途径、多方式的感知、体验活动中,初步形成文明卫生的生活态度与习惯,初步了解并遵守共同生活所必需的规则,形成对待他人的良好态度和行为方式,逐渐培养幼儿律己与交往的能力,养成尊重他人、宽容、礼貌、友好、协作的品质,促使幼儿认知、情感、行为获得发展,最终让幼儿具有健康文明的

[*] 该课题为2013年市级一般课题,课题组负责人:周巍;参与课题研究的主要研究人员有:王蓓、季敏、王霄文、张燕萍、高燕、邱立新等。本报告由周巍执笔。

行为习惯与生活方式等，获得幼儿阶段应该具备的礼仪素养，奠定幼儿发展核心素养中的心理社会能力的坚实基础。

一、研究背景

（一）课题研究的意义

1．国内外研究与实践证实了幼儿礼仪教育的价值

当前，许多国家非常重视对下一代开展礼仪教育，如日本儿童的礼仪教育始于幼儿摇摇晃晃走路时，在幼儿园中开设专门的礼仪课教学。韩国儿童的礼仪教育体现在问候无处不在，并在幼儿园内设有专门的礼仪室，对幼儿进行行为规范培养。新加坡以儒家学说为核心，在幼儿园开设"好公民"课程。美国的儿童礼仪教育强调社交技艺和常规礼节，教孩子如何以适当的方式与他人打招呼，教导孩子要谨言慎行，而且要牢记三个"C"，即"关心"（Care）、"同情"（Compassion）、"体贴"（Consideration）等。可见，对幼儿开展礼仪教育是十分紧迫与必要的。

中国作为有五千多年文明史的"礼仪之邦"，讲文明、用礼仪，是弘扬民族文化、展示民族精神的重要途径。《上海市幼儿园课程指南》培养目标第一条明确提出：初步了解并遵守共同生活所必需的规则，体验并认识人与人相互关爱与协作的重要和快乐。这一目标要求幼儿能够初步了解共同的社会生活所必需的基本行为规范，通过交往逐步认识自我并接纳他人，体验人与人相处、合作与关爱的情感，为幼儿将来能有适应社会的能力及与人合作沟通的能力打下基础。为此，幼儿园如何通过系统的教育培养幼儿的礼仪素养，让良好的礼仪规范标准化作幼儿自觉自愿的行为，是我们开展此课题的最终目的。

2．改变幼儿礼仪知行脱节现状，提升幼儿礼仪教育实效性的需要

当前幼儿礼仪教育存在知行不统一现状。许多幼儿对礼仪知识或不知，或知之甚少，或知道但做不到，或做了却不知其所以然。分析礼仪知行脱节的原因，一是受外部教育环境的影响。人们在重视智力开发的同时忽视了对幼儿礼

仪等文明行为习惯的养成教育；在注重技能培养的同时忽视了幼儿尊重、合作、关爱等情感的养成；在接纳现代文化的同时，也丢掉了一些传统美德。二是在幼儿园共同性课程中，虽涉及了一些礼仪教育内容，但这些内容或由于老师缺乏高结构活动的组织，或缺乏日常的巩固与练习、评价与强化而被忽视。三是幼儿年龄特点所致。学前期幼儿，思维具有直觉性和具体形象性，易受外界的影响和支配，可塑性强，行为持久性差。幼儿阶段是培养幼儿正确礼仪的重要时期，蒙台梭利指出："儿童良好行为习惯的养成是两岁半到六岁，如果错过这一时期，孩子行为习惯的养成就难以重来。"因此，抓好这个关键时期对幼儿进行礼仪教育，使幼儿从小学礼、知礼、懂礼、用礼，将使幼儿终身受益。

3. 深入开展园本研究的需要

2008 年至今，我园在区级课题《幼儿园"礼俗"文化启蒙教育实践与研究》的引领下，致力于礼俗文化启蒙教育。该研究以"中外礼仪风俗"与"中外节日风俗"为主线选择相关内容，通过三条途径实施幼儿"礼俗"文化启蒙教育：特设主题活动、环境营造与日常教育渗透。为期三年的课题实践，我们营造了富有"礼俗"文化特色的园所环境，有效整合了实施幼儿"礼俗"文化启蒙教育的资源，促进了幼儿、教师共同成长。然而，回顾整个研究，我们发现所选的内容比较侧重于"节俗"，对"礼仪"教育研究系统性不够，尚未真正处理好幼儿园礼俗文化启蒙中"礼"与"俗"之间的关系。

因此，基于对礼仪教育自身的价值、幼儿知行统一的需要、幼儿园深入研究以形成特色的需要三个主要方面的考量，该课题的选题有一定的现实价值。此外，当前幼儿园课程改革对幼儿礼仪、行为规范等方面的要求，以及重整国人的言行举止，彰显并传承"礼仪之邦"的时代需求，也说明该课题研究具有前瞻性和急迫性。

（二）核心概念界定

1. 礼仪

一般来讲，礼仪是指在人际接触、社会交往中表示互相尊重、友善的礼貌、礼节和约束自己、尊重他人的准则。从形式上，可以分语言性的礼貌用语和非语言性的仪态、举止、礼节，避讳性的言行等。从适用的不同场所上，可以分为幼儿园日常礼仪、家庭礼仪、公共场所礼仪。我们认为礼仪是一种道德规范，是源自个体内在的"礼仪素养"，其本质是一种内在的高尚德行与美好修养。通过多年的实践和研讨，我们一致认为幼儿的礼仪，主要是对人和对己的一种行为以及表现，无论是在家庭、幼儿园和社会中具有普适性。基于此思考，课题组将幼儿礼仪分为个人礼仪（对己）、交往礼仪（对他人）、公共礼仪（对他人）。

2．知行统一的幼儿礼仪

本课题中的"知"是指礼仪知识，"行"是指礼仪实践。我们认为，在幼儿礼仪教育中，不仅要让幼儿具备礼仪知识（即"知道"），尤其应当践行礼仪之举（即"行"，能正确地做出来），只有把"知"和"行"统一起来，才能称得上"有礼仪"。因此，在幼儿园开展礼仪教育，我们通过实施系统的幼儿礼仪课程，让幼儿在多途径、多方式的感知、体验活动中，初步形成礼仪认知、萌发礼仪情意、获得礼仪行为，实现知行统一，逐渐培养律己与交往的能力，养成尊重他人、宽容、礼貌、友好、协作的品质，促使幼儿在礼仪认知、情感、行为上获得发展。

（三）课题研究技术路线

根据课题核心概念和已有研究实践，课题组多次研讨，对本次研究项目做

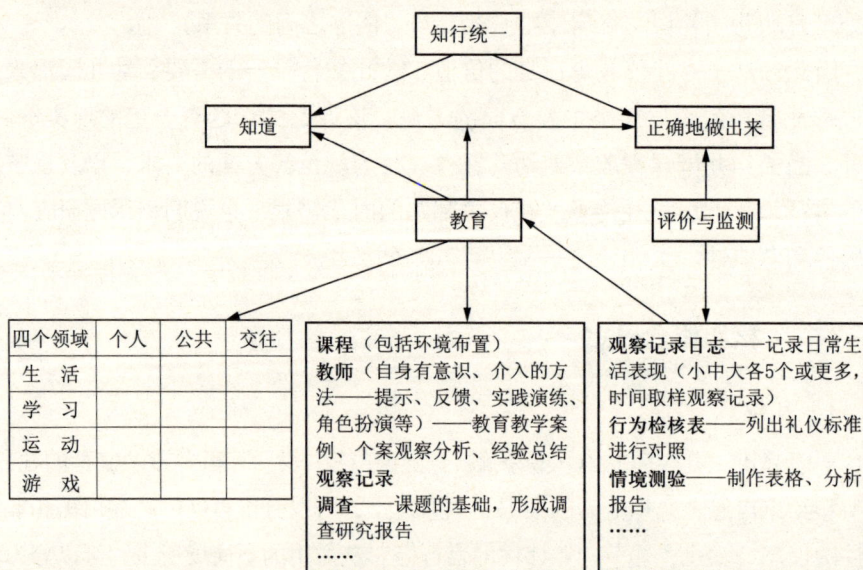

四个领域	个人	公共	交往
生 活			
学 习			
运 动			
游 戏			

课程（包括环境布置）
教师（自身有意识、介入的方法——提示、反馈、实践演练、角色扮演等）——教育教学案例、个案观察分析、经验总结
观察记录
调查——课题的基础，形成调查研究报告
……

观察记录日志——记录日常生活表现（小中大各5个或更多，时间取样观察记录）
行为检核表——列出礼仪标准进行对照
情境测验——制作表格、分析报告
……

了整体设计，形成研究的技术路线，进一步理清研究思路，明确具体操作点及其操作方式。

二、课题研究概况

1. 研究目标

（1）通过幼儿礼仪知行现状调查，了解和把握不同年龄段幼儿礼仪知行特点。

（2）通过梳理并完善幼儿礼仪认知与行为规范，探索知行统一的幼儿礼仪教育方法与途径，建构幼儿园礼仪教育课程操作体系，形成幼儿园特色课程，助推幼儿园特色形成。

（3）通过实施幼儿礼仪教育，让幼儿在多途径、多方式的感知、体验活动中实现礼仪认知、礼仪行为的统一，促使幼儿认知、情感、行为获得发展，提高教师的礼仪教育指导能力。

2. 研究内容

（1）开展幼儿礼仪认知与言行现状调查。通过家长问卷、教师观察、访谈等方法，了解不同年龄段幼儿在礼仪方面的知行情况。

（2）梳理幼儿礼仪认知与行为规范内容及要求。根据幼儿年龄特点、礼仪知行现状以及幼儿发展要求，结合日常生活实际，建构利于实施知行统一的幼儿礼仪教育内容体系。

（3）选取典型个案，开展跟踪研究。根据调查结果，拟选取小、中、大不同年龄段幼儿各5名，跟踪、观察、干预，探索"知行统一"理念指导下的礼仪教育方法与途径。

（4）探索培养幼儿礼仪认知与礼仪行为的方法与途径。拟通过特设主题、日常渗透、综合专题、家—园—社区合力等途径，运用实践练习、榜样示范、角色游戏、情境模拟等开展课例研究和实践探索。

（5）尝试开展幼儿礼仪知识与行为评价。拟综合或单独运用行为检核法、情境测试法、表现性评价、档案袋法等方法，了解幼儿认知、行为及知行统一情况，以评价巩固幼儿良好行为习惯的养成；检测并促进幼儿礼仪认知内化为行为的具体情况；及时反馈并调整开展礼仪教育的方法与途径，全面实现评价的诊断与激励、反馈与调整、监控与发展等目的。

3. 主要研究方法

（1）调查法：制定调查问卷、访谈提纲，收集幼儿礼仪知行现状，为进一步研究提供依据。

（2）观察法：主要在个案研究和评价过程中使用，将制定相关的观察表，收集信息。

（3）个案研究法：就选取的个案进行跟踪研究，并写成案例。

4. 研究的组织与进度

准备阶段（2013.6—2014.6）

（1）建立课题组，进行分工，落实研究任务。

（2）制定课题研究计划，设计课题研究方案，整理课题研究思路，明确课题研究目标、内容、方法、步骤以及研究成果形式。

（3）开展调查，了解幼儿礼仪认知与行为现状，确立个案跟踪对象。

实施阶段（2014.7—2017.1）

（1）梳理礼仪认知与行为规范内容（2014年7月—2017年1月）。

（2）开展教师培训，帮助教师理解课题的意义、熟悉课程内容与实施方法。

（3）根据研究方案，开展实践探索。根据课题研究内容，全面开展个案研究、方法与途径研究、评价研究等。

（4）阶段成果总结与交流。在课题研究过程中特别是课题中期，及时总结并撰写课题研究成果，汇总形成课题研究中期成果，并召开成果汇报交流会。

总结阶段（2017.2—2017.9）

（1）整理、分析研究材料，撰写课题研究总结报告。

（2）聘请专家、学者，进行课题研究成果结题论证。

（3）召开研究成果汇报会。

三、课题研究实施

（一）开展幼儿礼仪认知与言行现状调查

了解在园幼儿礼仪知行现状是有效开展本课题研究的逻辑起点和基础。因此，为更好了解当前幼儿礼仪知行现状、把握不同年龄段幼儿的礼仪知行特点，我们开展了幼儿礼仪认知与言行现状调查研究。

1. 调查方法

课题组制定调查问卷、访谈提纲，通过家长问卷、教师观察、座谈等方法，收集幼儿礼仪知行表现信息并分析了解不同年龄段幼儿礼仪知行现状特点，为进一步研究提供依据。

（1）家长问卷

共设计了两次家长问卷，发放 300 份问卷，回收 300 份问卷，回收率为 100%，问卷有效率为 100%。第一次问卷从个人生活礼仪、公共生活礼仪和交往过程礼仪三个维度考察幼儿礼仪教育的知行统一情况；第二次则从"衣、食、住、行、礼"五大块制定调查内容，收集幼儿个人生活礼仪、公共生活礼仪、交往过程礼仪三个维度的知行表现。

（2）教师观察

课题组制定幼儿生活礼仪行为检核表（幼儿来园、离园礼貌招呼情况表，幼儿"餐点"、交往中礼仪行为检核表等），幼儿学习、运动、游戏中的礼仪行为检核表等 7 份观察记录表，研究人员选取各年龄段 30 位幼儿观察记录在不同活动情景下的礼仪知行表现，并收集汇总相关检测信息，从而分析各年龄段幼儿礼仪知行特征。

（3）教师访谈

课题组从幼儿在园生活、学习、游戏、运动四类活动出发，拟定幼儿礼仪知行情况访谈提纲，向全体教师进行访谈，收集与了解幼儿在园四类活动中容易出现的不文明言语表现。

2.调查结果

（1）幼儿礼仪知行表现存在不合一现状

两次家长问卷整体结果显示，无论是个人生活礼仪、公共生活礼仪或者交往过程礼仪，孩子在日常衣食住行中表现出的礼仪知行都有不统一现状。如在个人生活礼仪方面，60%—80%的孩子能够做到早晚刷牙等个人清洁、服饰端庄得体、站立行姿势稳重大方等知行统一。而50%以下的孩子在注意倾听并做出回应方面达到知行统一。在按时起床并整理、饭前便后主动洗手、独立睡觉并睡姿正确等方面，50%的孩子都需要在家长提醒下才能够做到知行统一。在公共生活礼仪方面，在文明用餐、遵守交通规则、不随地吐痰、不乱扔垃圾等方面，有60%以上孩子能够做到知行统一。而在家主动整理、清理垃圾等方面，40%左右的孩子需要家长提醒才能做到。在交往过程礼仪方面，有50%的孩子知道并能够做到主动打招呼、使用礼貌用语，而在倾听别人、不随意打断别人说话、不随意翻动别人的物品、不随意打扰别人、整理物品等力所能及的劳动、主动认错、同情别人等方面，孩子表现出知行统一的人数比例小于50%。

根据教师座谈收集的信息显示，不同年龄段幼儿在生活、运动、游戏、学习中均有礼仪知行不合一现象。如生活活动中在离园时，需要老师经常提醒才能够做到主动礼貌打招呼、如厕排队等待、及时正确洗手等；运动中不遵守游戏规则、不会合作、器械争夺等现象时有出现；游戏时不会与人分享合作、存在与别人争抢玩具、游戏后不愿意收拾玩具等现象；学习活动中也有存在插嘴、不愿意倾听同伴讲话、不会互相谦让、不愿分享玩具等现象。

根据教师观察检测结果显示，孩子在幼儿园学习、生活、运动、游戏行为表现中均存在知行不合一现状。以下是幼儿能够做到知行统一的相关统计表（表2-4）。

调查让我们更加清晰地了解到幼儿礼仪知行存在不合一现状。分析礼仪知行脱节的种种原因，一方面可能受外部教育环境的影响，如家长重视智力开发、能力培养，忽视对幼儿礼仪等文明行为习惯的养成教育等；另一方面是在幼儿园课程中，缺乏系统的礼仪课程设置，教师对幼儿礼仪行为发展评

表 1 　幼儿学习活动礼仪中知行统一行为检核汇总表

行为表现描述	小班	中班	大班	全体
坐、写、画姿势正确	47%	71%	83%	67%
发言声音响亮大方	55%	62%	70%	62%
专心听讲，不做小动作	50%	63%	74%	62%
说话先举手	40%	72%	85%	66%
别人说话不随便打断或者随意插嘴	38%	66%	81%	62%
爱护图书等学习材料，会整理	64%	71%	78%	71%
合作分工，共同学习	25%	61%	70%	52%
主动使礼貌用语，不说脏话、粗话	64%	79%	82%	75%
不经允许不能拿别人的东西，借别人的东西要归还	65%	86%	82%	78%

表 2 　幼儿生活活动礼仪中知行统一行为检核汇总表

	行为表现描述	小班	中班	大班	全体
餐点	餐前用正确方法洗手，餐后漱口	55%	84%	89%	76%
	正确使用餐具，进餐方法正确	85%	89%	94%	89%
	知道用餐不能大声交谈、交头接耳	54%	74%	85%	71%
	知道用餐不争抢食物，愿与大家分享	78%	81%	100%	86%
	知道珍惜劳动成果，不挑食不浪费	35%	46%	89%	56%
	用餐桌面地面等保持干净	36%	52%	90%	59%
如厕	知道并能用正确方法洗手	35%	46%	89%	56%
	人多洗手需排队	36%	52%	90%	59%
	节约用水，及时关闭水龙头	42%	79%	93%	71%
	便后使用手纸	58%	78%	82%	73%
	能够保持安静	77%	85%	93%	85%
	能够将擦手毛巾放在不同的框内	37%	78%	93%	69%
清洁仪表姿态	知道并注意个人卫生	63%	69.8%	93%	75%
	知道并能注意简单服饰礼仪	36%	64%	97%	66%
	站坐、行睡、写、画等姿势正确	32%	58%	76%	55%

表3 幼儿运动礼仪中知行统一行为检核汇总表

行为表现描述	小班	中班	大班	全体
走、跑、做操等动作姿势正确、有精神	44%	69%	85%	66%
完成自己接受的任务	49%	74%	83%	69%
遵守游戏规则，不做危险动作	59%	70%	92%	74%
爱护器械，能将玩具归放原处	76%	67%	91%	78%
不争抢玩具，学会排队、轮流玩	53%	66%	83%	67%
遇到困难能够想办法克服，勇敢、坚持到底	25%	58%	68%	50%
能够交换玩具、轮流场地玩，不霸占玩具	49%	65%	79%	64%
会协商、合作，发生碰撞主动道歉	22%	63%	77%	54%

表4 幼儿游戏礼仪中知行统一行为检核汇总表

行为表现描述	小班	中班	大班	全体
见面招呼	83%	92%	86%	87%
用语礼貌	71%	78%	97%	82%
宽容友善	64%	79%	98%	80%
诚实守信	58%	89%	97%	81%
勇敢坚强	52%	68%	63%	61%
乐意分享	67%	80%	84%	77%
关心别人	38%	67%	66%	57%
乐意助人	36%	78%	77%	64%
懂得感恩	21%	68%	69%	53%
乐观自信	40%	57%	79%	59%
协商合作	15%	64%	68%	49%
规则自律	40%	59%	78%	59%

价缺乏技术支持等；再一方面是幼儿年龄特点所致，学前期幼儿，思维具有直觉行动和具体形象性，易受外界的影响和支配，可塑性强，行为的持久性差。幼儿阶段是培养幼儿正确礼仪的重要时期，因此，面对当前幼儿知行统一的现状，我们更加坚定了开展知行统一的幼儿礼仪教育行动研究的意义与价值。

（2）幼儿礼仪知行表现在不同维度"合一"现状不同

我园从个人生活礼仪、公共生活礼仪、交往过程礼仪三大维度对幼儿进行观察、考核。

（1）个人生活礼仪——是个人在举手投足、行为处事时表现出来的仪表礼仪，如整洁的仪容、得体的服饰、优雅的举止等。

（2）公共生活礼仪——是在公共场所中需要遵守的公共礼仪，如文明出行、文明用餐、遵守"七不"规范、遵守活动规则等。

（3）交往过程礼仪——是在人际交往中需要具备的礼仪，如礼貌谈吐、礼尚往来、友好相处、关爱体贴、勇敢自信等。

从家长问卷看我园幼儿整体情况，幼儿在个人生活礼仪、公共生活礼仪方面表现尚可，人际交往的礼仪教育还有待提高。超过一半的幼儿在个人生活礼仪和公共生活礼仪方面能够表现出知行统一（平均有54%的幼儿不仅知道个人生活的基本礼仪，而且能够做到）；在公共生活礼仪方面，平均64%的幼儿能够做到知行统一；在交往过程礼仪方面，仅有46%的幼儿能够做到知行统一。

① 个人生活礼仪

60%—70%的幼儿在问题1、2和问题6、7上能够做到知行统一。64%的幼儿在吃饭前或外出回来会经常忘记洗手，需要成人提醒后洗手。50%的幼儿知道要按时起床和睡觉，应该自己穿脱衣服、整理床铺，但也需要成人提醒才能够做到。38%的幼儿能够做到睡姿正确，59%的幼儿知道并能够做到打喷嚏要捂鼻，51%的幼儿能够达到"倾听回应"。幼儿在个人生活礼仪能够"知行统一"情况见表5。

表5　生活礼仪能够做到知行统一的幼儿比例

行为表现	百分比	行为表现	百分比
1. 清洁卫生	66%	6. 站立姿态	73%
2. 服饰得体	62%	7. 使用纸巾	74%
3. 喷嚏捂鼻	59%	8. 倾听回应	51%
4. 饭前洗手	36%	9. 睡姿正确	38%
5. 正确洗手	56%	10. 按时起床	24%

② 公共生活礼仪

幼儿在遵守交通规则、注意交通安全，外出时不随地吐痰、乱扔垃圾，在公共场所排队等待方面做得较好，超过80%的幼儿都能够做到知行统一。68%的幼儿能够在文明用餐方面做到知行统一。仅26%的幼儿知道并且能够在用餐前帮助父母拿碗筷，用餐后帮助父母收拾桌子，43%的幼儿需要在家长提醒下才会帮助家长拿碗筷和收拾桌子。幼儿在公共生活礼仪各项能够做到知行统一的比例如表6所示。

表6　公共生活礼仪能够做到知行统一的幼儿比例

文明用餐	收拾整理	遵守交通规则	不随地吐痰不乱扔垃圾	垃圾主动扔垃圾桶	愿意排队等待	看电影保持安静
68%	26%	81%	83.3%	41.7%	85.7%	62.3%

③ 交往过程礼仪

超过一半幼儿能够在以下几方面做到知行统一：主动与客人、长辈、老师和父母问好，能够照顾家人，和朋友一起玩耍时友好相处，礼貌接打电话，得到别人的帮助时能够主动说"谢谢"。将近70%的幼儿在得到别人帮助时会主动说"谢谢"。幼儿在以下几方面较难做到知行统一：不随意打断别人交谈、自己整理玩具、帮父母洗自己的手帕和袜子等。幼儿在交往过程礼仪各项能够做到知行统一的比例如表7所示。

表7　交往过程礼仪能够做到知行统一的幼儿比例

行为描述	百分比	行为描述	百分比	行为描述	百分比
主动招呼	59.3%	主动道谢	69.3%	照顾家人	54.7%
问早道别	53.7%	主动认错	42.7%	关爱长辈	48.3%
不随意打断别人讲话	26.7%	不随意翻动他人物品	44.7%	整理玩具	24.3%
礼貌接打电话	55.3%	礼貌待客	48.7%	做简单家务	24.3%
互相谦让友好相处	50.3%	同情帮助特殊人群	40.3%		

由此可见，在我园礼仪教育中，如何在幼儿交往过程中促进其礼仪知行统一度，值得我们关注与思考。对于知行统一程度比较低的内容项如主动整理玩具、做简单家务、不随意打断别人讲话、饭前便后主动洗手、守时、主动认错等应给予关注。

（3）不同年龄段幼儿在"知行统一"方面呈现年龄特点

① 幼儿礼仪知行统一程度会随着年龄增长而不断增强

从教师对幼儿的行为检测结果看，幼儿礼仪知行统一在生活、运动、游戏与学习中的表现呈现出随着年龄增长而不断提高的现象（详见表1、表2、表3、表4），可见幼儿时期既是身体机能发育的迅速时期，也是良好行为习惯形成以及社会学习的重要阶段，是礼仪知行统一教育不可忽视的阶段。俗话说"三岁看大，七岁看老"，幼儿具有极强的可塑性。幼儿园应该协同家庭和社会，共同创设富有文明礼仪氛围的生活环境，让孩子在积极健康的人际关系中获得安全感与信任感，发展自信自尊，学会遵守规则，愿意与人交往，能够与同伴友好相处，关心尊重他人，培养他们良好的社会适应能力。

② 小班到中班是个人生活礼仪教育的关键时期

具有基本的生活自理能力是个人生活礼仪的基本要求。我们的问卷调查结果显示，相比公共生活礼仪和交往过程礼仪，从小班到中班，幼儿在个人生活礼仪方面能够做到知行统一的人数明显增加。可见，从小班到中班是个人生活礼仪教育的关键时期。例如，这一时期，知道并且愿意做个人清洁事项，如早晚刷牙、洗脸、洗头、洗澡的幼儿比例从小班的 52% 提高到中班的 74.2%；知道并且能够做到饭前便后正确洗手的幼儿比例，从小班的 42.6% 提高到中班的61.9%。良好生活习惯与卫生习惯的养成是小班个人生活礼仪教育的重点和难点。（见表 8）

表 8　不同年龄段幼儿在个人生活礼仪方面能够做到知行统一的比例

行为表现	小班	中班	大班
清洁卫生	52%	74.2%	70.6%
服饰得体	57%	63.9%	66.1%
捂鼻喷嚏	50%	56.7%	70.6%
使用纸巾	64.9%	75.3%	81.7%
饭前洗手	31.9%	43.4%	33%
站立姿态	78.7%	70.1%	71.6%
正确洗手	42.6%	61.9%	61.5%
按时起床	7.4%	21.6%	39.4%
睡姿正确	29.8%	37.1%	45.9%
倾听回应	51.1%	43.3%	58.7%

③ 中、大班在公共生活礼仪和交往过程礼仪方面逐渐能够做到知行统一

遵守公共生活的基本规则和理解他人是公共生活礼仪、交往过程礼仪的基本要求。年龄较小的幼儿处于自我中心阶段，不知道别人与自己有不同的想法和体验。随着幼儿年龄的增长和人际交往范围的扩大，他们会逐渐从他律转化为自律，在公共生活和人际交往方面逐渐做到知行统一。例如，30.9% 的小班孩子看见垃圾，知道并且会主动捡起来扔进垃圾桶；到了大班，该比例提高到50.5%。25.5% 的小班孩子看到特殊人群会同情并帮助他们，而一半以上的大班幼儿都能做到这一点。（见表 9）

表9　不同年龄段幼儿在公共生活礼仪方面能够做到知行统一的比例

行为表现	小班	中班	大班
文明用餐	58.50%	66%	78%
收拾整理	12.80%	23.70%	39.40%
守交通规则	79.80%	83.50%	79.80%
不随地吐痰	86.20%	80.40%	83.50%
垃圾主动扔垃圾桶	30.90%	42.30%	50.50%
愿意排队等待	81.90%	84.50%	89.90%
看电影保持安静	60.60%	53.60%	71.60%

表10　不同年龄段幼儿在交往过程礼仪方面能够做到知行统一的比例

行为表现	小班	中班	大班
主动招呼	55.30%	54.60%	67%
问早道别	44.70%	58.80%	56.90%
不随意翻动他人物品	38.30%	38.10%	56%
照顾家人	41.50%	59.80%	61.50%
礼貌待客	39.40%	47.40%	52.30%
不随意打断别人讲话	41.50%	49.50%	54.10%
互相谦让友好相处	19.10%	24.70%	34.90%
整理玩具	42.60%	47.40%	59.60%
做简单家务	13.80%	23.70%	33.90%
关爱长辈	12.80%	27.80%	31.20%
礼貌接打电话	40.40%	47.40%	56%
主动认错	34%	42.30%	50.50%
同情帮助特殊人群	25.50%	38.10%	55%
主动道谢	67%	64.90%	75.20%

　　综上所述,我们认为丰富的礼仪认知是幼儿礼仪行为的基础。因此,我们根据幼儿礼仪知行统一的年龄特点来科学设计礼仪教育内容序列:小班侧重于个人生活礼仪的知行统一,中大班幼儿可以更多关注公共生活及交往过程礼仪中的知行统一。幼儿礼仪知行统一依赖于生活中逐步养成、学习中不断启智、运动与游戏中巩固与渗透。

（二）梳理幼儿礼仪认知与行为规范内容及要求，构建幼儿礼仪素养课程

1. 梳理幼儿礼仪认知与行为规范内容及要求

幼儿在园一日活动"知行"内容提示点

三大方面 四大领域	个人生活礼仪	公共生活礼仪	交往过程礼仪
生活活动	在日常起居中有正确的身体姿态与整洁的仪表。	知道并遵守交通规则以及公共场所规则，遵守七不规范，做文明小公民。	知道并学用招呼礼仪、礼貌用语，大方应答，积累文明生活的经验。
（侧重良好习惯养成：在来园、离园、日常起居、进餐、盥洗、使用及整理物品等行为练习中遵守生活活动规则，养成良好生活习惯，练习交往礼仪）	1. 知道并能做到自己的事情自己做。 2. 知道并注意仪表整洁，做清洁宝宝。 3. 知道简单的服饰礼仪，穿着整洁端庄、大方得体，符合季节、性别、场合特征与需求等。 4. 站立、端坐、行走等姿势端庄、优雅。 5. 别人对自己说话时能注意听并做出回应。 6. 睡姿正确。	1. 知道并能够遵守餐桌礼仪，培养餐饮好习惯（了解不同的餐饮礼仪，正确使用餐具；不大声交谈，餐前洗手，用餐不争抢食物，不随便浪费，吃饭姿势正确，饭后漱口，摆放好餐具等）。 2. 了解并遵守如厕基本规则（学会等待，正确使用手纸，便后及时冲洗，正确洗手，不玩水等）。 3. 尊重为大家提供服务的人员，珍惜他们的劳动成果（不浪费粮食，不随地吐痰，不乱扔垃圾等）。 4. 爱护身边的环境，注意节约资源（知道节约粮食、水电等）。 5. 能够摆放好自己的椅子。 6. 走廊、室内不奔跑。 7. 午睡不影响别人，能整理自己的衣物。 8. 公共场所不喧哗。	1. 来园、离园时主动与人招呼、告别等。 2. 知道尊敬长辈，体贴、关爱家人。 3. 不争抢玩具，乐意与同伴分享，知道玩后整理摆放玩具。 4. 身边的人生病或不开心时表示同情。 5. 能礼貌地与人交往，会用礼貌的方式向别人表达自己的要求与想法，当别人给予帮助时要礼貌道谢。 6. 能注意别人的情绪，并有关心、体贴的表现，给予力所能及的帮助。 7. 接纳、尊重与自己生活方式或习惯不同的人。 8. 知道团结起来力量大，会合作。 9. 做错事敢于承认，不说谎。

（续表）

三大方面 四大领域	个人生活礼仪	公共生活礼仪	交往过程礼仪
学习活动	在学习活动中保持正确的姿态与仪表。	了解并遵守幼儿园学习基本规则，养成良好的听说习惯。	在学习活动中积累文明言行。
（侧重学习习惯养成、礼仪认知学习与行为情境练习等）	1. 写、画时姿势正确。 2. 发言时声音响亮、大方。 3. 不吃手指、做小动作。	1. 在集体中能注意听老师或其他人讲话。 2. 听不懂或有疑问时能主动提问。 3. 说话先举手。 4. 别人说话不随便打断或者随意插嘴。 5. 爱护图书，不乱撕乱扔。 6. 在提醒下能够做到不打扰别人。	1. 能主动使用恰当的礼貌用语，不说脏话、粗话。 2. 能合作分工、共同学习。 3. 知道不经允许不能拿别人的东西，借别人的东西要归还。
运动活动	在运动中保持正确体态。	在运动中遵守运动规则。	在运动中积累坚持、合作、分享等品质。
（侧重运动中的坚持、合作、分享等品质培养）	1. 动作姿势正确、有精神。 2. 知道并能认真负责地完成自己所接受的任务。 3. 听指令做游戏，不做危险动作。 4. 注意自我保护，及时穿脱衣服、擦汗等。	1. 感受运动规则的意义并能基本遵守规则。 2. 不私自拿不属于自己的东西。 3. 在成人提醒下爱护玩具和其他物品。 4. 能将玩具归放原处。	1. 不争抢玩具，学会排队、轮流玩。 2. 遇到困难能够想办法克服，勇敢、坚持到底。 3. 能够交换玩具、轮流场地玩，不霸占玩具。 4. 学会协商、合作，发生碰撞主动道歉。
游戏活动	在游戏中模拟角色礼貌言行。	遵守游戏规则，合作共同游戏。	在游戏中协商、合作、分享、礼貌交往。
（侧重游戏中的协商、合作、分享、礼貌交往）	1. 愿意与老师、同伴一起游戏。 2. 喜欢和老师交谈，有事愿告诉老师。 3. 愿向别人请教。 4. 能够正确模仿角色，言行文明。	1. 乐意遵守游戏规则。 2. 在成人指导下不争抢玩具、不独霸玩具。 3. 与同伴发生冲突，能听从成人劝解，能在他人帮助下和平解决。 4. 乐意接受同伴意见与建议。	1. 能够协商分配角色。 2. 愿意结交新朋友。 3. 有高兴的事情愿意与人分享。 4. 能友好地提出请求加入同伴的游戏。 5. 能合作，遇到困难能一起克服。 6. 与同伴发生冲突时能够协商解决。 7. 能够倾听与接受别人的意见，不能接受时会说明理由；能与同伴协商制定游戏与活动规则。 8. 不欺负别人，也不允许别人欺负自己。

2. 幼儿"礼仪素养课程"总目标

让幼儿在多途径、多方式的感知、体验活动中，初步形成文明卫生的生活习惯，初步了解并遵守共同生活所必需的规则，形成对待他人的良好态度和行为方式，逐渐培养幼儿律己与交往的能力，养成尊重他人、宽容、礼貌、友好、协作的品质，促使幼儿的认知、情感、行为获得发展。

① 初步接触与感受礼仪文化，萌发学习与交流的兴趣。

② 初步了解并遵守共同生活所必需的规则，逐步培养孩子良好的生活行为习惯以及与人交往、沟通的能力。

③ 逐步培养幼儿遵守礼仪的自觉意识与态度，培养孩子平等、尊重、宽容、关爱、诚恳、勇敢、自信等情感与品质。

④ 在礼仪活动中培养幼儿发现、感受生活中的美及创造表现美的能力。

3. 幼儿"礼仪素养课程"阶段目标

目标 \ 年级	小班阶段目标	中班阶段目标	大班阶段目标
	1. 知道爱清洁、讲卫生，学习生活自理。 2. 能在成人的帮助与指导下知道遵守集体生活中的常规，体验与教师、同伴共处的快乐。 3. 会主动招呼熟悉的人，学习使用简单的礼貌用语。 4. 爱护玩具和物品，学习收拾与整理。	1. 对自己能做的事情表现出主动与自信，仪表整洁、得体。 2. 理解和遵守日常生活中的规则，学习控制自己的情绪与不宜行为。 3. 学习用结伴、轮流、请求、商量等方式与人交往；能注意倾听、理解他人的意思，积极表达自己的主张。 4. 有初步的同情心与责任意识，关爱同伴与长辈。	1. 养成良好生活习惯，独立自信地做力所能及的事，举止落落大方。 2. 能倾听同伴的讲述，大胆、清楚地表达自己的想法，言语亲切、彬彬有礼。 3. 具备一定的分享、协商、合作、沟通等交往能力。 4. 体验人与人相互交往、合作的重要和快乐，逐步形成规则意识、尊重关爱、宽容体贴、保护弱者、勇敢自信、诚实守信等良好的礼仪素养。

4. 幼儿"礼仪素养课程"内容构成

幼儿礼仪素养培养课程内容由个人生活礼仪、公共生活礼仪、交往过程礼仪三个板块构成。

福山同乐幼儿园各年龄段礼仪素养课程内容安排

小班礼仪素养课程内容

	上学期	下学期
个人生活礼仪	1. 学洗手 2. 会漱口 3. 自己吃 4. 坐精神 5. 扣扣子 6. 剪指甲 7. 照镜子 8. 自己睡	1. 打喷嚏捂口鼻 2. 咳嗽有办法 3. 不挑食 4. 小马虎穿衣 5. 男孩与女孩 6. 学刷牙 7. 学好样 8. 自己穿
公共生活礼仪	1. 我是轻轻（轻拿轻放） 2. 小小图书我爱你 3. 一个跟着一个走 4. 午睡睡不着时 5. 不跟陌生人走	1. 开门关门讲礼仪 2. 我给玩具找个家 3. 我会自己睡 4. 我会排排队 5. 不乱扔垃圾 6. 看电影 7. 举手发言 8. 红绿灯
交往过程礼仪	1. 入园、离园讲礼仪（招呼） 2. 介绍自己要大方 3. 我会应答 4. 哈啰、您好！ 5. 户外活动听指挥	1. 打电话 2. 谢谢你 3. 做客礼仪（小猪请客） 4. 对不起、没关系！ 5. 小猪的野餐（分享） 6. 玩具一起玩

中班礼仪素养课程内容

	上学期	下学期
个人生活礼仪	1. 勤洗澡 2. 健康歌 3. 选配服饰 4. 摆姿势 5. 手指上的礼仪（手势） 6. 大公鸡和漏嘴巴	1. 不告状 2. 同同和乐乐（大方、优雅） 3. 选配服饰 4. 做个听话的孩子 5. 仔细听 6. 这里不能碰

（续表）

	上学期	下学期
公共生活礼仪	1. 上下楼梯有秩序 2. 危险物品不乱碰（安全标志） 3. 餐桌礼仪（筷子） 4. 不做危险动作 5. 学会倾听不打断 6. 整理物品要分类 7. 爱唱歌的小黄莺 8. 去郊游（动物园）	1. 摆餐桌 2. 响亮应答 3. 乘自动扶梯 4. 过马路要小心 5. 遇到外宾 6. 在图书馆 7. 多嘴的八哥鸟
交往过程礼仪	1. 克里的微笑 2. 老师老师我爱你 3. 超市购物 4. 借用物品有礼貌 5. 玩具兵（玩具一起玩） 6. 称呼长辈有礼貌 7. 我的好爸爸 8. 孔融让梨	1. 接打电话礼仪多 2. 别生气 3. 我们都是好朋友 4. 美丽的世界 5. 热情待客 6. 谁吵醒了小猫 7. 给爷爷奶奶捶背 8. 夸夸我的好朋友

大班礼仪素养课程内容

	上学期	下学期
个人生活礼仪	1. 学系鞋带 2. 低声讲话脚步轻 3. 我是爸妈小帮手 4. 尊重他人劳动 5. 今天我做值日生 6. 放"噗"	1. 诚实不撒谎 2. 对对错错说眼睛 3. 自己起床叠被子 4. 表情歌 5. 自己书包会整理 6. 我是时间小主人 7. 遇到困难不放弃
公共生活礼仪	1. 乘公车 2. 升国旗礼仪 3. 爱护公物 4. 节约水电 5. 遵守规则过马路 6. 远离火源更安全 7. 乘坐电梯有规则	1. 花草树木要爱护 2. 不往楼下扔东西 3. 看演出守纪律 4. 我是环保小天使 5. 上课专心不捣乱 6. 阅读图书要仔细 7. 交通标记须知道 8. 自助餐

（续表）

	上学期	下学期
交往过程礼仪	1. 到老师家做客 2. 制作礼貌书 3. 我的朋友在哪里 4. 说话算数讲信用 5. 安全小卫士 6. 我交新朋友 7. 给好朋友写信	1. 杜鹃鸟的故事 2. 乐于助人好品德 3. 不再麻烦好妈妈 4. 不发脾气有修养 5. 团结合作力量大 6. 你先来 7. 原谅你 8. 朋友通讯录

5. 架构幼儿礼仪素养课程结构

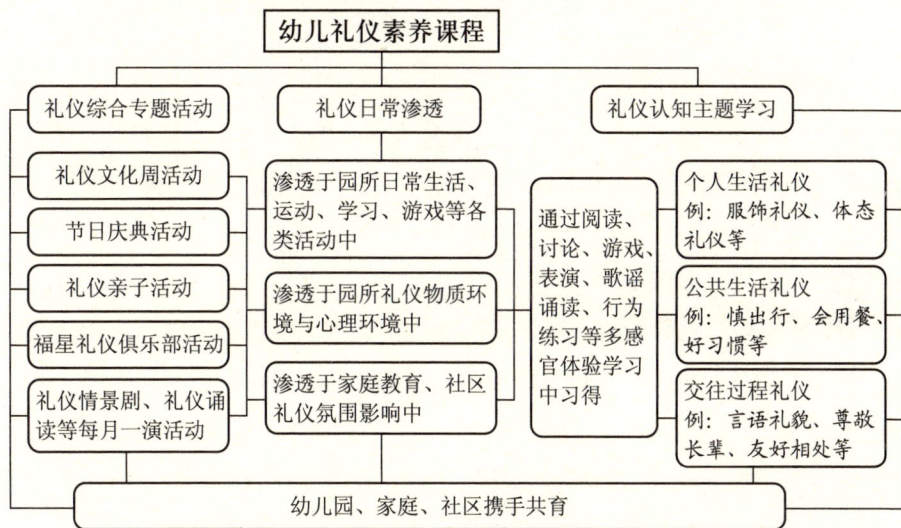

（三）探索培养幼儿礼仪认知与礼仪行为的途径

实施《幼儿礼仪素养课程》必须选择适当的教育途径。经过多年的研究，我园主要通过三条途径实施幼儿礼仪素养课程：礼仪认知主题学习、礼仪综合专题活动、礼仪日常渗透教育。

1. 礼仪认知主题学习

根据课程内容，我们选择并设计制作不同年龄段的礼仪绘本、儿歌、故事、歌曲、情景剧等，设计可行的"幼儿礼仪素养"学习活动方案，内容形式涉及语言、社会、科学、艺术、情感、生活等。每周各班开展一次学习活动，鼓励幼儿调动多种感官参与，并与其他情境因素相互作用，使幼儿在自主体验、合作探索中获得认知、态度和能力等方面的发展。

幼儿基本礼仪培养主题列表

个人生活礼仪		公共生活礼仪		交往过程礼仪	
主要内容	活动主题	主要内容	活动主题	主要内容	活动主题
个人卫生	爱干净	出行礼仪	慎出行	语言使用	有礼貌
穿着打扮	会打扮	用餐礼仪	会用餐	与长辈交往	尊长辈
身体姿势	真神气	学习礼仪	好习惯	与朋友相处	交朋友

2. 礼仪综合专题活动

开展节日庆典、"每月一演"、礼仪文化周、亲子活动等礼仪综合专题活动，使幼儿在不同年段、不同班级共同参与的活动中学礼仪并大胆表现与表达，如幼儿礼仪情景剧专场、福星礼仪俱乐部活动等，让幼儿在丰富的礼仪教育实践活动中内化礼仪品质。

节日庆典中的礼仪教育：孩子们喜欢过节，因为节日中丰富的活动与热闹的仪式令他们感到愉快、幸福，印象深刻。节日是社会生活的百科全书，其内容包罗万象，无论是春节、重阳、端午等传统民俗节日，还是儿童节、教师节、妇女节等社会政治性节日、纪念日节日，或者地球日、爱牙日、植树节等现代文化节日，千姿百态的节日文化活动都蕴含了丰富的礼仪教育素材，常能给孩子的生活增添情趣、智慧。因此，节日庆典是开展礼仪教育的好时机，如一年一度的重阳节来临，我们组织幼儿去社区敬老院慰问、表演，和爷爷奶奶一起过节；三八妇女节开展"妈妈美食秀""为妈妈做贺卡"等活动；植树节组织孩子认领小树苗，开展"爱绿护绿"活动……孩子们从系列节日活动中懂得感恩、学会关爱，在爱的情感体验、互动中强化礼仪行为。

"每月一演"中的礼仪教育：幼儿园开展每月一次的大舞台活动，给孩子创设表现表达、体验礼仪言行的舞台。幼儿礼仪情景剧专场、幼儿礼仪诵读专场等活动让孩子们在情境创设、扮演角色、表现表达、表演观看中知礼仪、行礼仪。

幼儿礼仪情景剧表演活动：结合礼仪教育三个维度内容以及当前幼儿礼仪言行存在的问题，将相关礼仪童话故事、成语故事、寓言故事、民间故事等多种题材的内容进行戏剧化加工，以幼儿为主体，以童话剧表演为基点生成一种融合性表演活动，诸如《文明车厢》《请你安静听我说》《三只蝴蝶》等情景剧表演，寓礼仪教育于表演游戏中，寓礼仪教育于互动体验中，寓礼仪教育于潜移默化中。幼儿礼仪情景剧表演是孩子们喜欢的礼仪学习方式。

幼儿礼仪情景剧

《文明车厢》

《三只蝴蝶》

《一根香蕉》

《朋友做客》

亲子活动中的礼仪教育："亲子活动"是让亲子在游戏互动体验中获得教

育感悟的礼仪教育实践。我园根据社会热点、节日节点、礼仪要点设计开展相应主题的礼仪亲子活动。每学期不少于两次的亲子活动。

【例一】我们开展"小手牵大手，文明共同行"活动，通过礼仪传声筒、礼仪照相馆、礼仪百米画等有趣活动，让家长、孩子在有趣的亲子游戏中体验与学习。如礼仪照相馆内准备了各国儿童服饰、背景和音乐，孩子们在家长的陪同下，有秩序地排队进入照相馆，选择自己喜欢的服饰，打扮成不同国家的人物，来到相应国家的背景墙前，说说不同国家的问候语，并拍照留影。孩子们和家长欢声笑语，络绎不绝……家长们为参与到这样的活动中感到惊奇，纷纷称赞："这样的游戏活动，如身临其境，不仅增进了孩子和我们家长的情感交流，还让我们家长也学会了不同国家的问候语，真是太有趣了。"

【例二】每逢传统节日开展"元宵乐""时装秀""美食节""粽意飘香端午情"等亲子系列活动，丰富的亲子游戏，让孩子与家长共同在情感交融中体验与感悟。

【例三】我们开展亲子歌谣创编活动、亲子礼仪情景剧展演、亲子礼仪绘本创编等活动，让家长参与到礼仪教育活动中来。（具体可见附录四）

礼仪文化周活动中的礼仪教育：礼仪文化周活动是跨越一周，结合某一主题，每天各班均开展相关礼仪系列活动的礼仪综合专题活动。如开学的第一周，我们发布《福幼礼仪倡议书》，向家长、幼儿发起"讲文明、行文明"倡议；举办升旗仪式，通过"来园礼仪歌谣诵读"等国旗下讲话激发幼儿讲礼仪的意识；开展"大带小"活动，让中大班孩子与新小班幼儿一起玩游戏、做力所能及的事情等，在"大带小"活动中进行爱心体验；开展礼仪志愿活动、礼仪之星评比活动等，通过一周的系列活动，营造浓厚的文明礼仪校园氛围。系列活动让孩子印象深刻，促进幼儿礼仪知行统一。

3. 日常渗透教育

寓礼仪素养培养于幼儿园一日生活、游戏、运动与各类学习中，在幼儿园各类活动中渗透。

（1）日常生活渗透

每天孩子们来园，最先听到的是声声亲切的见面问候，看到的是一张张亲切的笑脸，日复一日，讲礼仪的氛围在幼儿园悄然形成。孩子们很自然地会礼貌打招呼、有秩序地接受晨检，这种良好的行为习惯将使其受益终身。其次我们还通过图片暗示、鼓励评价等方式，让孩子在盥洗、餐点、午睡等日常生活中培养礼仪行为，如：设计使用不同的餐具、自助餐等有趣的生活活动，使幼儿养成良好的餐桌礼仪。从生活常规教育入手，抓住教育契机，对幼儿开展渗透教育。在日常生活中，通过文明用餐练习、担任晨间礼仪福娃接待、礼仪歌谣诵读、礼仪小明星评选等活动，培养孩子良好的行为习惯。

（2）学习活动中渗透

教师根据各年龄段学习主题进程，梳理共同性学习课程中的礼仪教育资源，挖掘其中的礼仪教育素材并组织开展学习活动。通过研究，基本形成礼仪教育与主题学习相整合的各年龄段学习活动系统网络，将礼仪教育内容与主题教育活动有机结合，渗透在集体学习、个别化学习活动中，使礼仪教育活动不再独立存在，能够真正符合孩子当前经验的需要、情感的发展，并具有可操作性，形式也更加丰富多样：故事、儿歌、表演及操作等。礼仪教育活动因与主题学习的自然融合而更显成效。我们创建了装扮表演室、生活劳作室、礼仪书吧等专用活动室。在装扮室里有不同地方特色的服饰，孩子们通过装扮、游戏等活动，了解不同的服饰礼俗，体验装扮乐趣；在生活劳作室，孩子们可以体验烹饪、劳动的快乐，知道要珍惜食物，懂得分享；舞蹈室中，在音乐伴奏下，通过表情、动作表达自己的思想感情，使幼儿形成活泼、开朗、热情、大方的性格；图书室让孩子们徜徉在书的世界，在愉快的阅读中修身养性……孩子们在活动室通过装扮、游戏等活动，实践交往礼仪。

（3）幼儿游戏中渗透

我们积极创设富有民俗风情的游戏环境，让孩子在游戏活动中知礼仪、讲习俗。如，在"中日茶吧"里，孩子们可以喝茶、吃茶点，在品尝富有中国特色的"茶点"活动中了解中国茶文化的博大精深，初步感受"茶道"的乐趣。在"城隍庙"里，孩子们成了各种中国传统工艺大师：刺绣、脸谱、印染、中国结与香包及纸扇的制作等，孩子们在游戏中既了解中国民间优秀艺术的多姿多彩，又培养了耐心、细致、专注的学习品质。"新天地"也是一个孩子们流连忘返的活动场所，在富有上海建筑特色的"石库门"里，"星巴克"可以让你尝到地道的美式咖啡；"建设银行"可以兑换"钱币"；"锦衣多"里可以买到各民族传统服装……如此丰富的游戏场所就是孩子习礼仪、知习俗的最佳"体验馆"。各班的角色游戏，是孩子进行文明交往的小天地，如"理发店"里的"接待员"："欢迎光临，请问你要剪一个什么发型?""饮食店"里"服务员"的热情招呼，端菜盛饭周到有序……在这儿，幼儿不仅能模仿各种职业，而且通过演练角色的"专业"语，从而学会礼貌待人。

（4）幼儿运动渗透

其一，创设幼儿民间运动环境。拔河、舞龙、滚铁环、走高跷、梅花桩、跳草垫、跳绳、骑木马等丰富的民间游戏，不仅让孩子们乐此不疲，同时他们在充满挑战、竞争的运动游戏中学会合作，遵守规则，学会与别人友好相处。

其二，通过模拟奥运项目，让孩子接触各地不同的体育文化，感受多元化的体育活动，如跨栏、摔跤、足球、篮球、排球，这些富有挑战性的奥运小游戏在满足孩子运动兴趣、体验成功快乐的同时，更拓宽了孩子的视野。

其三，在每天的早操律动中渗透。如小班的韵律操《HELLO，你好!》，在快乐的游戏中熟悉不同国家打招呼的礼仪；中大班的《礼仪花操》，让幼儿在节律运动中知晓礼仪规范。

4. 营造礼仪环境

作为一种潜在课程，环境是幼儿园课程中不可忽视的重要组成部分，对孩子的发展具有重要的影响作用。课题组分别从物质环境、精神环境两个方面积极营造有利于幼儿感受和学习礼仪文化、富有礼仪启蒙教育特色的环境。

我们充分利用走廊、过道、活动室等三维空间，创设富有礼仪气息的园所公共环境：礼仪文化墙、温馨小提示、礼仪图片、礼仪儿歌，开辟幼儿礼仪活动专用室、叮咚建筑馆、装扮表演室、阅览室、同乐小剧场等专用活动室，师生共建富有礼仪特色的园所环境，潜移默化地熏陶孩子心性。

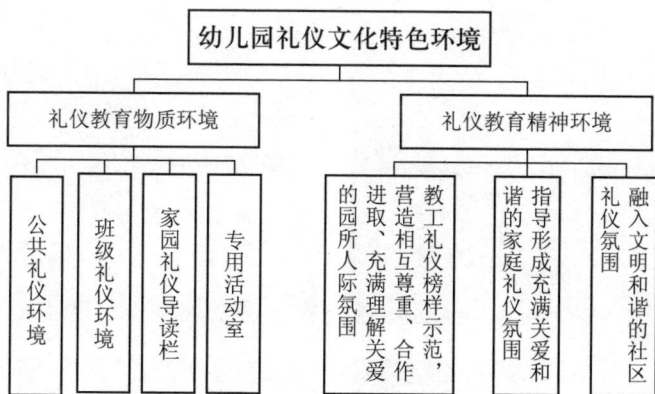

```
                    ┌─────────────────────┐
                    │  幼儿园礼仪文化特色环境  │
                    └──────────┬──────────┘
              ┌────────────────┴────────────────┐
    ┌─────────┴──────────┐          ┌──────────┴──────────┐
    │   礼仪教育物质环境    │          │   礼仪教育精神环境    │
    └─────────┬──────────┘          └──────────┬──────────┘
   ┌────┬────┼────┬────┐        ┌────┬────┬────┬────┐
   │    │    │    │    │        │    │    │    │    │
 ┌─┴┐ ┌┴┐ ┌┴─┐ ┌┴─┐      ┌──┴─┐┌─┴──┐┌─┴──┐┌┴───┐
 │公│ │班│ │家│ │专│      │营 充 的│教  合│指  谐  关│融  谐│
 │共│ │级│ │园│ │用│      │造 满 园│工  作│导  的  爱│入  的│
 │礼│ │礼│ │礼│ │活│      │相 理 所│礼  、│形  家  和│文  社│
 │仪│ │仪│ │仪│ │动│      │互 解 人│仪  充│成  庭  谐│明  区│
 │环│ │环│ │导│ │室│      │尊 关 际│榜  满│充  礼  的│和   │
 │境│ │境│ │读│ │  │      │重 爱 氛│样  进│满  仪  家│     │
 │  │ │  │ │栏│ │  │      │、 进 围│示  取│关  氛  庭│     │
 │  │ │  │ │  │ │  │      │合 取  │范  、│爱  围  礼│     │
 │  │ │  │ │  │ │  │      │作    │,   │和     仪│     │
 └──┘ └─┘ └──┘ └──┘      └────┘└────┘└────┘└────┘
```

（1）礼仪文化墙

礼仪文化墙是我园公共环境创设中一道亮丽的风景线，既富有童趣，又寓教于乐，内容有我们根据孩子年龄特点并结合卡通形象而设计的各种见面礼，如握手礼、点头礼、日本特色的鞠躬礼、西方国家的拥抱礼、举手礼，还有吻鼻礼等，因为图文并茂，孩子们一下子被可爱

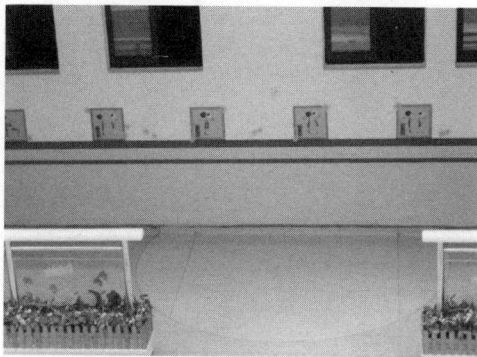

礼仪文化墙

的卡通形象所吸引，家长们也纷纷驻足进行随机教育。墙上还有不同色系的关于"在家里、在幼儿园、在公共场所、在马路上"应该遵守的礼仪规范提示，其素材全部来自孩子们平时的图画作品。一楼至二楼是蓝色系家庭礼仪墙和紫色系幼儿园礼仪墙，家庭礼仪墙包括仪容体态、用餐、做客待客、接听电话礼仪等；幼儿园礼仪墙包括喝水如厕排排队、来园离园打招呼、用餐如厕勤洗手、物归原处好习惯等内容。二楼至三楼是红色系交通礼仪墙和绿色系公共场所礼仪墙，交通礼仪墙上的内容为不乱闯红绿灯、过马路走斑马线、给需要帮助的人让位等；而公共场所礼仪墙的内容更为丰富，它包括了上海市的"七不"规范内容。我们采用孩子们稚嫩的涂鸦来表现这些礼仪规

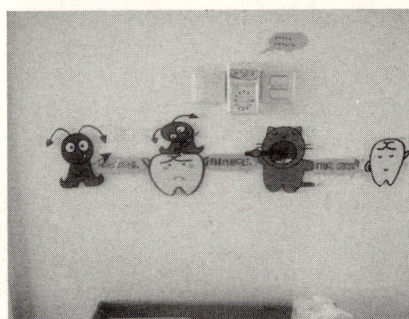

充满稚趣的礼仪墙

范，既让礼仪墙充满了童趣，又能时刻提醒大家平时开展随机教育，注意言传身教。

（2）班级环境

班级环境处处渗透着礼仪教育的元素。家园栏上，有丰富多彩的亲子礼仪小游戏供家长参考。盥洗室墙面上，老师们根据幼儿不同年龄特点设计了相应

| 有趣的礼仪墙 | 图文并茂的盥洗室 |

的礼仪图标，如小班如厕处有可爱的蓝色小熊代表弟弟，红色小熊代表的是妹妹，小马桶边上的卡通小猴提醒小朋友如厕后要用纸巾，以及餐前便后正确洗手的图片提示等，而中大班的盥洗室则大多采用图文并茂的形式。在餐点间，地面上排队的小脚印提醒孩子人多要排队，墙面上张贴的文明用餐的儿歌、评比小绅士小淑女的版块，过道、饮水机旁有正确洗手的步骤图，"走楼梯靠右边"图示……时时给孩子一些提醒：应该遵守共同生活的规则。

（3）游戏环境中的规则暗示

无论是公共游戏区域，还是"城隍庙"、"新天地"、"美食城"、"礼仪书吧"、专用室等区角游戏场所，都有图文并茂的礼仪图标，起到规则暗示的作用。

各种礼仪图标

（4）营造礼仪人际氛围

礼仪教育是一种养成教育，需要每位教育者拥有礼仪文化自觉，共同营造尊重、合作、理解关爱的园所和谐人际氛围，让幼儿在其中得到浸润与滋养。

其一，注重教师礼仪规范、团队合作精神的培养，提高成人礼仪自觉。园所编制《福幼员工礼谏》，从形象篇、交往篇、德行篇三个维度明确福幼教工应该遵循的行为标准、师德规范，以此开展全员礼仪素养培养。组织开展读本学习，求得广大员工礼仪教育价值认同；将员工礼仪要求纳入月考核指标，推进教师礼仪自觉；加强礼仪培训：开展礼仪教育课程解读，清晰知晓与认同礼仪教育课程内涵；开展"我有一个教师梦"等演讲活动，畅诉职业理想；进行教师节活动，评比礼仪之星，表彰师德先进等多种方式的全员礼仪修炼，用礼仪观念滋润心灵，用礼仪准则规范言行，不断孕育教师礼仪内涵，培育教师礼仪文化自觉。

其二，注重家庭礼仪教育指导，家园联手共同促进幼儿礼仪素养的养成。幼儿园开展《培养幼儿良好礼仪行为习惯的家庭教育指导实践与研究》市级家教课题研究，通过调查研究，了解家庭开展礼仪教育的现状，明确开展家庭礼仪教育指导的突破点，梳理编写形成家庭礼仪指导课程，有的放矢开展家庭礼仪教育指导（课程内容涉及小班"爱清洁、有礼貌"，中班"好习惯、会学习"，大班"善交往、守规则"六大方面）。通过学校指导家长、家园同步，把礼仪教育融入幼儿日常生活中，促进幼儿礼仪知行统一。我们探索开展幼儿良好礼仪行为习惯家庭教育指导的方法与策略有：园级、年级、班级等多层次的讲座指导，家长沙龙、家长导读等多形式的互动培训，让广大家长达成共识——幼儿良好行为习惯养成应从我做起、从现在做起、从小事做起、在日常生活中养成。我们开展实训演练，在实践体验中提高家长的指导能力：亲子活动、家长助教、个案跟踪……让家长、教师紧密携手，共同走进孩子的世界，共同关注孩子礼仪素养的养成。家庭礼仪教育指导课题研究让家长收获幼儿礼仪行为习惯培养的"良方"，研究凝聚了幼儿园礼仪课程建构合力，家园联手促进幼儿礼仪知行统一。

其三，积极融入社区文明礼仪创建。师生争当社区志愿者，参加社区邻居节活动、爱绿护绿、重阳慰问、高行"讲文明、修身行、比创意、献爱心"活动……师生在社区文明共建活动中接受洗礼与熏陶。

（四）探索礼仪教育方法

1．视听再现法

通过听礼仪故事、看礼仪绘本等方法，让幼儿初步接触与了解生活应该遵守的共同生活规则。如小班的《学会应答》，老师通过妈妈接宝宝、宝宝因玩玩具不回答而导致妈妈着急的图片，让孩子在观看图片引发讨论中明理：大人招呼时孩子应该大声应答，才是有礼貌的行为；传统故事绘本《狼来了》，通过集体阅读、个体自行阅读、情景行为判断等，让孩子知道与人交往要诚实。

2．实践操作法

让孩子在多种感官的感知与体验、装扮与游戏、实践与操作活动中接触与了解礼仪言行，在行为练习中养成待人接物的好习惯。如在"美食城"角色扮演活动中，知道礼貌购物、礼貌服务等；在图书馆看书知道安静不喧哗、爱护图书；在观看节目表演时知道按座位号入座，看好节目要鼓掌；在自助餐活动中做好按需取食、用完餐将餐具放回指定地点等；在做值日生、晨间礼仪福娃接待等行为练习、操作体验中养成良好礼仪习惯。

3．环境陶冶法

教育者有目的地创设或利用富有礼仪氛围的环境进行教育，培养幼儿良好的情感、品德、言行等。如每逢重阳节等传统节日，我们带孩子去敬老院，同老人们交谈、表演、做好事，让孩子们理解节日的深刻内涵，懂得尊老爱幼，让其亲身体验节日的欢乐气氛，观察人们庆祝节日的情景，理解节日的意义。

4．榜样示范法

榜样示范法是教育者以自身或他人的高尚思想、模范行为和卓越成就影响幼儿，促使其形成优良品德的方法。这就要求成人时时处处都应该知礼仪、行礼仪，用知行统一的礼仪风范对幼儿潜移默化，以自身给幼儿以礼仪示范。

5．礼仪歌谣诵读

诵读是一种古诗文教学常用方法，"礼仪歌谣诵读"是指幼儿在老师指导下，在日常活动中以读、唱充满礼仪教育内涵的简单歌谣来营造一种讲礼仪的氛围，让幼儿在诵读中知晓生活中不同的礼仪规则，在诵读中感悟、体验的一种方法。如吟唱《洗手歌》《走路》等礼仪歌谣，知道要爱清洁、讲卫生、走姿正，《乘车礼仪》《去郊游》等儿歌让孩子知道出行礼仪等。

6．情境表演

情境表演法是指教师有目的地引入或创设具有一定情绪色彩的、以形象为主体的具体场景让孩子扮演角色，引起幼儿获得态度体验，让幼儿在表现表达、表演观看中知礼仪、行礼仪。其特点是：形式上的真实，情感上的真切，所含意境的深远，围绕礼仪内容的中心或主题展开。如情境表演《三只蝴蝶》，孩子在雨天情境下，扮演三只蝴蝶，在表演"要来一块来、要走一块走"的情境中，体悟与朋友相亲相爱、一起分享困难与欢乐的情趣。

（五）开展幼儿礼仪知识与行为评价

我们综合或单独运用行为检核法、情境测试法、表现性评价、档案袋法等方法，了解幼儿认知、行为及知行统一情况，以评价、巩固幼儿良好行为习惯的养成，检测并促进幼儿礼仪认知内化为行为的具体情况，及时反馈并调整开展礼仪教育的方法与途径，全面实现评价的诊断与激励、反馈与调整、监控与发展等目的。

1．行为检核法

根据幼儿在园不同类型的活动需求，选择并描述幼儿日常生活、个别化活动、集体教学等各项活动中个人礼仪、公共生活礼仪以及交往礼仪的外显行为表现来制订幼儿礼仪言行观察表，供教师每周或定期对幼儿言行表现进行观察评价与记录。通过一阶段的行为检核以及对观察记录资料的分析，来判断幼儿不同阶段礼仪知行统一状况。

【例】行为检核法测评

第一次评价研究（2016 年 5 月 26 日）

采用行为检核法来观察幼儿的行为，如果与好的行为表现一致，打√；如果不相符，打×。来园、做操、教室学习时现场观察——研究者可以从外显行为中观察

表现 ＼ 幼儿	幼1	2	3	4	5	6	7	8	9	10	11	12	13	14	15
个人礼仪															
服装整洁，符合季节、场合特征															
穿戴整齐（衣领、扣子）															
站立——收腹、挺胸															
行走——抬头、挺胸															
端坐——双脚并拢、抬头挺胸、身体端正															
公共礼仪															
遵守交通规则，上下楼梯左行右立															
交往礼仪															
主动大方与熟人打招呼、问好															
回应别人的问好或招呼															

在日常生活、个别化活动、集体教学中现场观察——教师观察

表现 ＼ 幼儿	幼1	2	3	4	5	6	7	8	9	10	11	12	13	14	15
个人礼仪															
不吃手、不啃手指															
不挖鼻孔、不挖耳朵															
不拖鼻涕、不吐舌头															

（续表）

幼儿 表现	幼1	2	3	4	5	6	7	8	9	10	11	12	13	14	15
坐姿端正、站姿端正															
不捏衣裤															
公共礼仪															
爱护图书															
玩具和学习用品轻拿轻放，用完放回原处															
不采摘花草															
咳嗽、打喷嚏时能捂住嘴															
手脏时不乱摸物品、乱涂															
不乱扔垃圾和玩具															
不随地吐痰															
遵守用餐、如厕、午睡等规则															
排队等待															
交往礼仪															
愿意与同伴玩															
分享玩具和材料															
尝试运用话语去解决冲突															
与同伴商量合作做事															
犯错时承担责任，不撒谎，不指责别人															
关爱身边的熟人，不欺负弱小															
不经允许不拿别人东西，借东西要归还															

观察时间：2016 年 5 月 26 日

观察地点：福山同乐幼儿园小班、大班

观察环境：集体教学、个别化学习活动

观察方法：利用观察表行为检核，整体观察

观察人：周巍　吕萍

观察结果：

1. **幼儿方面**：幼儿在个人礼仪、公共礼仪和交往礼仪上，整体表现良好。存在个别突出问题：小班、大班幼儿在端坐上存在双脚不并拢、身体不端正、脚随意晃现象，女孩子特别是穿裙子的女孩子坐下时有不注重裙子的整理、双腿不并拢、随意拉起裙子等现象；小班幼儿个别存在挖鼻孔、啃手指、抓头发现象，大班幼儿也个别存在挖鼻孔、啃手指现象；小班幼儿较难做到轻拿轻放材料或者学习用具，需要教师的提醒才能做到把玩具放回原处；存在个别小班幼儿特别是男孩子争抢玩具问题，但他们已经开始尝试用语言协商解决问题。

2. **教师方面**：教师对幼儿出现的坐姿不端正、挖鼻孔、啃手指等问题没有进行干预，教学过程中没有个别指导；教师自身在坐姿上不太注重个人礼仪。

建议：教师在一日生活过程中要用心观察、发现、记录幼儿在个人礼仪、公共礼仪和交往礼仪上存在的问题和良好表现，针对群体和个体幼儿进行整体教育和个别指导；教师要做好个人礼仪的榜样。

第二次评价研究

针对教师的群体座谈和访谈（座谈和访谈作为第一次观察结果的补充和进一步验证，确定研究的重点以及教师个案观察和干预的对象）

1. **随机访谈教师**：你班幼儿在个人礼仪、公共礼仪、交往礼仪方面，存在哪些问题？

2. **整体调查**：运用下面两张表格，做到每人手中一张表，进行整体调查，了解当前幼儿礼仪方面存在的主要问题。

来园、做操、教室学习时现场观察——研究者可以从外显行为中观察。根据幼儿的表现程度，打√。

礼仪表现	几乎全部幼儿能做到	大部分幼儿能做到	一半幼儿能做到	个别幼儿能做到	没有幼儿能做到
个人礼仪					
服装整洁，符合季节、场合特征					
穿戴整齐（衣领、扣子）					
站立——收腹、挺胸					
行走——抬头、挺胸					
端坐——双脚并拢、抬头挺胸、身体端正					
公共礼仪					
遵守交通规则，上下楼梯左行右立					
交往礼仪					
主动大方与熟人打招呼、问好					
回应别人的问好或招呼					

2. 情境测试法

情境测试法指测评者设置一定的情境和标准，并观察被测评者在该情境中的反应，根据事先规定的标准对被测评者礼仪"知行统一"方面发展状况做出评价的方法。如"幼儿自助餐场景"，看不同年龄段孩子在自助餐礼仪方面的知行统一情况；创设学做小学生情境，记录孩子整理书包、合作学习、仔细倾听等行为状况。

【例】情境测试案例《分果果》（交往礼仪）

对象：小、中、大各班随机抽取三位幼儿进行情境测试。小班、中班**情境：**教师提供大小不一的橘子8个。教师观察，当投放橘子数量比幼儿数量少时，幼儿是否会分享橘子。设定的观察目标是：幼儿在成人的帮助下，是否愿意与他人分享橘子。

小班观察结果（见表）：有41.7%的小班幼儿能做到，50%小班幼儿基本能做到，8.3%的小班幼儿不能做到。通过观察发现，小一班1号幼儿、小二班1号及2号幼儿、小三班3号幼儿和小四班的1号幼儿愿意与他人分享橘子；小一班2号及3号幼儿、小二班3号幼儿、小三班1号及2号幼儿和小四班2号幼儿在成人提醒下愿意分享；但小四班3号幼儿剥好橘子后不愿意分享了。

小班交往礼仪测评表

游戏名称：剥橘子

游戏目标：在成人的帮助下，愿意与他人分享橘子
游戏准备：大小不一的橘子8个
游戏玩法：投放橘子数量比幼儿数量少，观察幼儿是否会分享橘子
参与人数：12
幼儿测评情况：

小一班	能	基本能	不能
1	✓		
2		✓	
3		✓	
小二班			
1	✓		
2	✓		
3		✓	
小三班			
1		✓	
2		✓	
3	✓		
小四班			
1	✓		
2		✓	
3			✓
汇总：			

小班观察分析：分享是中国的传统美德。分享意识是幼儿社会性发展的一个重要方面，也是幼儿形成良好的伙伴关系、形成健康个性的基础。小班幼儿多数是独生子女，以自我为中心。在独生子女家庭里，长辈们把好吃的、好玩的都让给孩子，孩子要什么也一味地满足，长期以来没有兄弟姐妹分享。面对新的环境、新的集体、新的伙伴，还没有学会交往的他们也不能把班上的伙伴当成"朋友"，自我中心意识强，喜欢独占。但是，老师的引导能够影响大部分幼儿，使他们愿意去尝试分享行为。

3. 表现性评价

表现性评价属于质性评价的范畴。表现性评价是指对幼儿在实际完成某项任务或一系列任务时所表现出的在理解与技能方面的成就的评定，也指对幼儿在具体的教学过程中，所表现出的学习态度、努力程度以及问题解决能力等一些测验所无法反映的深层学习指标的评定。在知行统一的幼儿礼仪教育活动中，我们采用表现性评价的方法，记录不同年龄段幼儿礼仪知行状况，从系列表现性评价中总结不同年龄段幼儿礼仪言行目标参照点。

4. 档案袋评价

档案袋评价属于过程性评价，是为孩子建立成长档案，通过运用观察法、谈话法、作品分析法、轶事记录法等方法，根据教学目标有意识地将幼儿的相关作品以及其他有关证据收集起来，通过合理的分析或解释，反映幼儿生活与学习发展过程中的优势与不足，反映幼儿达到目标过程中付出的努力与进步，并通过自我反思激励幼儿更好地达成目标的一种过程性评价方式。档案袋收集的很多是幼儿作品，幼儿在家、园行为表现记录，孩子成长中的教育故事等，幼儿、教师、家长是档案袋评价的参与主体。

【例】庆庆成长档案（记录者：季敏）

个案基本情况分析（幼儿相关信息、家庭信息、问题行为现状描述等）

姓名：庆庆

年龄：4 岁

性别：男

描述：孩子活泼可爱，有一定的生活自理能力。爸爸妈妈平时都忙于工作，没有固定的休息时间，因此孩子一般由爷爷奶奶照顾。由于爷爷奶奶的宠爱，孩子非常自我，不愿与同伴分享，喜欢打人。爸爸妈妈为此非常着急，希望孩子能通过幼儿园的熏陶及老师的督促，改掉这些坏习惯，并表示，作为家长将积极配合幼儿园老师，共同促进孩子的进步和发展。

培养目标（关于幼儿礼仪知行目标）：①不争抢玩具，乐意与同伴分享玩具。②懂得关心同伴，与同伴能友好相处。

儿童个案观察记录表

幼儿姓名	庆庆	观察重点	分享玩具
观察日期	2014 年 3 月 5 日	开始时间	10:00
		结束时间	10:30
观察人	季敏	观察地点	教室
观察环境（背景描述）（被观察儿童正在做什么或参加什么活动）	现在是自由活动时间，孩子们都拿出自己带的玩具和同伴一起开心地玩了起来，庆庆站在一边发愣。经询问后得知原来今天庆庆又没带玩具，于是我鼓励他可以找个好朋友商量能否一起分享玩具。		
观察实录（文字+图表+儿童的作品/语言）	在我的提醒下，庆庆慢慢悠悠地朝轩轩小朋友走去。他轻轻地说了一句："我能和你一起玩吗？"轩轩欣然接受了他，两个人开心地玩起了打气球的游戏。轩轩说："你负责拿好气球，我来负责打气，好吗？"庆庆突然一跺脚，大声说道："不行，我要打气，你给我拿好。"轩轩也不示弱，反驳："你不同意，我就不让你玩了！"这时庆庆一下子就急了，两个人开始争抢起来，庆庆一只手抢玩具，另一只手还要去打轩轩，这时我急忙冲上去阻止。		
结论（评价）分析	庆庆其实是很喜欢和同伴一起游戏的，但是他又不是很自信，生怕遭别人拒绝。同伴一旦接受了他，可以看出庆庆还是很欣喜。但是在与同伴交往过程中，他却很以自我为中心，很霸道，总是想成全自己，而不顾他人感受，所以总是会和同伴发生争执，最后以不愉快告终。		
措　施	1. 与家人联系，家园一致帮助庆庆，教会他一些与同伴友好交往的技能技巧，如想玩别人的玩具，要先对同伴说一句有礼貌的话："把你的玩具借给我玩一玩好吗？"等等。 2. 让家长为他准备好玩具，带到幼儿园和同伴一起分享。		

（更多详见成果"实践篇"教育个案跟踪记录）

以上案例是截取片段。我们以表格形式，记录孩子在不同活动场景的活动表现：户外运动时幼儿的表现；自由活动中捕捉到的趣事；角色游戏中，孩子通过角色扮演所表现出的个性特征……有对孩子行为的结论分析，有相应的措施，同时还有孩子家长的积极互动，记录孩子的发展过程、教师与家长的教育智慧。教师通过一个阶段的观察分析反思，在多次过滤中对幼儿发展进行过程评价，对幼儿礼仪发展行为进行纵向比较，关注幼儿发展的过程与体验。

【教育故事】

龙龙变了

不知有多少次，小朋友总会哭着跑来跟我告状："老师，老师，龙龙不给我玩。""老师，龙龙抓我脸。""老师，龙龙又来抢我的玩具了。"哎……龙龙，你真是个任性的孩子！

镜头一："任性"的龙龙

今天，户外游戏的时候，小朋友们都异常兴奋。操场上有两个大大的圆，一个是红色的圆，一个是蓝色的圆，孩子们正在玩着集合的游戏。这时，老师发出了指令："男孩子进入红色的圈圈，女孩子进入蓝色的圈圈。"孩子们听到指令，立刻朝着相应的圈圈跑过去。这时，只见龙龙也飞快地朝红色的圈圈冲过去，并用力将站在一旁的多多使劲往外推，大声吼道："你不要进来。"结果，由于多多还没站稳，打了一个趔趄，摔倒在地，哇哇大哭起来。而这时的龙龙，完全没有意识到自己把别人推倒是不对的，依然在兴致勃勃地玩游戏。这时，我连忙走上前去，把多多扶了起来，安慰他别哭。我把龙龙拉到一旁，问："你为什么要去推多多？你看现在把多多推倒了，这是不礼貌的。"龙龙转过小脸，"哼"了一声，睬也不睬我。

镜头二："会辩解"的龙龙

户外活动又开始了，许多孩子都拿着圈在场地上玩，龙龙也不例外。只见他拿着圈一会儿在手臂上甩啊甩，一会儿在地上滚啊滚，一会儿在身上套啊套……玩得真高兴！突然，他把圈圈竖起来当作方向盘，一个人来到"独木桥"上开起了小汽车。他这一有创意的玩法立刻吸引了许多小朋友，于是他们纷纷模仿着开起汽车来了。这时，萱萱也想挤上独木桥和他一起开，可是却吃了闭门羹，遭到了一口拒绝："不行，这是我先找到的地方，你不能来。"可怜巴巴的萱萱只好扫兴地离开了。这时，我故意问萱萱："萱萱，怎么啦？什么原因不高兴？"她嘟起小嘴："龙龙不和我一起玩。"我朝龙龙看了看，问他："是这样吗？"他满有理由地辩解："不是的，是因为这里站不下了。"

镜头三："敢于认错"的龙龙

今天户外活动时，龙龙为了一只拖拉玩具，和小朋友万万发生了争执，并把万万的脸抓了。我便请两人说明情况，并批评龙龙不应该用手抓人，我问他："你这样做，对不对？"龙龙却是一脸的不高兴，坚决不承认错误，更不向万万道歉。于是，下午家长来园接孩子时，我便向龙龙的妈妈说明了情况。龙龙的父母很重视，第二天早上便带着龙龙给万万道歉，但也只是父母道歉，龙龙还是拒不说"对不起"。后来，在开展学习活动时，我正好预设了一个礼仪故事《四个好朋友》，以小动物的主动认错、赔礼道歉来教育孩子们，并有意请龙龙扮演故事中的角色进行表演，学说"对不起"。

老师的耐心教育，以及妈妈的积极配合，给了龙龙很大的影响。现在，龙龙虽然有时还是会和同伴发生矛盾、争执，但频率已经减少很多，有时也能主动承认错误，而且学会了道歉，会向别人说"对不起"了。

玩是孩子的天性，我们教师要抓住孩子好动好玩的天性，让孩子在丰富多彩的户外活动中潜移默化地学习文明礼貌知识。例如，在户外活动滑滑梯时，孩子们你争我抢是不可避免的，抓住幼儿玩的兴头，要求幼儿"上下请排队"，不小心碰到他人时说"对不起""没关系"；玩跷跷板或木马时，让幼儿学会等待，别人玩的时候，自己想玩就要说"请给我玩一下""谢谢"；在活动中有人摔倒，要及时把他扶起来等。

三、研究成效与分析

（一）优化幼儿园礼仪教育课程体系

研究不断优化幼儿园礼仪素养培养课程操作体系，明确了幼儿礼仪素养课程背景、培养目标、内容、途径、方法与评价等内涵，为幼儿园教师实施"知行统一的幼儿礼仪教育"提供了支架与跑道，为幼儿园开展"知行统一"的幼儿礼仪教育提供了经验借鉴与资源参考。

首先，调查研究让我们了解、把握不同年龄段幼儿礼仪知行现状的特点与规律，清晰梳理各年段幼儿礼仪认知与礼仪规范内容，礼仪课程内容序列更加符合幼儿发展特点与认知需求，指导教师根据幼儿发展规律有序开展礼仪课程活动。其次，研究让我们统筹规划营造富有礼仪氛围的园所环境，无论是公共廊道还是班级环境，时时暗示着孩子遵守共同生活的规则。公共环境中礼仪书吧、美食城等专用活动区域又为孩子们提供了开展礼仪实践活动的新天地。再次，研究不断拓展与优化幼儿礼仪素养课程内容、方法与途径。礼仪认知主题活动，实现共同性主题学习与礼仪特色内容的有机渗透与整合，"幼儿礼仪绘本阅读""幼儿礼仪形体训练""幼儿礼仪歌谣诵读""幼儿礼仪情景剧""节日庆典""每月一演""礼仪文化周""亲子活动"等礼仪综合专题活动，让"知行统一"幼儿礼仪教育丰富多彩。多领域的渗透，多样化的评价实践，行动研究让幼儿礼仪素养课程体系不断优化。

（二）促进幼儿礼仪"知行统一"

研究有效促进幼儿礼仪"知行统一"。通过"知行统一"的幼儿礼仪教育行动研究，激发了幼儿的"礼仪情感"，孩子们"爱"礼仪，喜欢参加各类礼仪活动，如礼仪福娃晨间接待、义卖助人、礼仪情景剧表演，并能将礼仪言行迁移至日常生活中，能注意个人仪表、仪态，较为自觉遵守幼儿园生活、游戏、运动、学习活动所必需的规则以及公共生活所必需的规则，初步形成了文明卫生的行为习惯和文明礼仪行为，孩子们变得活泼开朗、文明乐群，体验到了与同伴、老师、长辈等相互关爱的快乐和重要。据幼儿行为检测结果显示，小班幼儿的生活礼仪"知行统一"成效明显，从原来50%的孩子知道饭前、便后要洗手，到期末85%的孩子能够做到。中班孩子在"关爱助人"方面从原来55%上升到了69%；"尊重他人"方面，幼儿在情境游戏中表现达成度从原来的67%提高到了80%。而大班幼儿在"宽容自律"方面有了进步，从65%的孩子愿意原谅别人不小心的犯错，到90%的孩子一般能够做到宽容自律。在"能选择自己喜爱的图书安静阅读，并能做到按标记分类摆放"方面，从中班的50%到大班的91%的孩子能够达到"知行统一"。实践证明，研究有效促进了幼儿个人生活礼仪、公共生活礼仪以及交往过程礼仪的知行统一。

（三）提高教师礼仪教育能力

教师的礼仪文化自觉在研究中形成。拥有创设富有礼仪文化特色环境的能力，提高家庭礼仪教育指导能力，教师挖掘礼仪教育资源、开展多样化礼仪教育的能力，分析教材、驾驭教材及其根据现有资源创编使用教材、开展幼儿礼仪评价等研究能力也得到提高。近几年来，老师开辟"幼儿礼仪绘本阅读""幼儿礼仪歌谣诵读""幼儿礼仪情景剧""福娃接待晨间礼仪"等多样的学习途径，设计了《文明乘车》《礼仪歌》等诸多有趣的礼仪活动课例，创编了50多册幼儿礼仪绘本、80多首礼仪歌谣，积累了丰富的活动课例、生动的教育故事等，为广大教师实施"知行统一"的礼仪教育提供了经验借鉴，研究促进了教师的专业成长。

（四）凝聚家园社区礼仪教育合力

研究有效整合家园社区礼仪教育资源。幼儿园形成了系列家庭礼仪教育指导课程，通过家长学校、家园报等多形式的培训，宣传实施"知行统一"的幼儿礼仪教育的价值与意义，以求价值认同，帮助家长树立开展幼儿礼仪教育的意识。通过"亲子活动"等多渠道互动，让家长在参与体验中掌握开展幼儿家庭礼仪教育的方法。研究让家长明了幼儿园礼仪教育的课程内涵与策略等，使家庭参与到幼儿礼仪协同教育中，让"知行统一"的幼儿礼仪教育得到家庭的全力相助，家长的参与滋润着幼儿礼仪素养的养成。同时，我们也积极参加社区诸多的文明创建活动，诸如社区爱心义卖、"礼韵童舞、国学经典"童舞展演……文明和谐的社会风貌催化着幼儿礼仪"知行统一"。

四、研究启示

（一）"知行统一"的幼儿礼仪教育需在礼仪环境中"润物无声"

礼仪环境是幼儿园礼仪课程建构中不可缺少的隐性课程，是教育者根据幼儿园礼仪教育要求，结合幼儿身心发展的规律、需要，充分挖掘与利用幼儿园环境中的教育因素，并创设幼儿与环境互动情境，发挥环境教育价值的过程，包括礼仪物质环境与心理环境。对幼儿来说，富有礼仪教育特色的课程环境，即与礼仪课程内容相匹配的活动空间、和睦的人际关系、友爱的同伴行为、亲和的教师态度等，与和谐的人际氛围是幼儿礼仪素养养成的沃土，是幼儿礼仪知行统一的温床。因此，在"知行统一"的幼儿礼仪教育过程中，我们应充分创设、挖掘并利用礼仪环境的教育因素，如充分发挥成人的礼仪榜样示范作用，选择符合幼儿年龄和认知特点，同时又源于生活并能够回到生活中去的礼仪内容，及让幼儿能与之互动的环境等，家园联手积极营造礼仪教育中良好的物质环境与心理氛围，使环境对幼儿礼仪行为的发展起到"润物无声"的作用。

（二）"知行统一"的幼儿礼仪教育需在行为练习中"融合转化"

"知行统一"的幼儿礼仪教育，最终目的是让幼儿不但具备此阶段应有的礼仪认知，同时也能实现知行统一，具备遵守礼仪的自觉意识与态度以及表现出相应的礼仪行为习惯。而礼仪习惯的习得则是一种养成教育，是礼仪素养的最佳体现，表现为幼儿的礼仪行为出自其内心的自然流露，体现在幼儿不仅知礼仪，而且爱礼仪、行礼仪等方面。因此，"知行统一"的幼儿礼仪教育作为养成教育，单靠空洞的说教是难以形成的，它具有十分鲜明的操作性和实践性，只有经过实际的行为训练，让孩子在自主探索、自由讨论、自己创造、相互交流等直接体验性学习中感悟体验、实践操作，在行为练习中通过自我发现来建构自己的知识体系，才能让礼仪认知深入其内心。其次，幼儿良好礼仪行为的培养，重要的环节就是由"知""行""情"不断转化，然后不断融合的过程，因此需要教师积极创造让孩子实践练习的机会，如开展"礼仪牵手行""礼仪倡议书""礼仪福娃晨间接待"等，让幼儿在实践中体会礼仪行为的意义，内化礼仪品质，学会做人，学会生活。我们需要将幼儿礼仪教育渗透在幼儿园一日的各类活动中，可以布置适当的任务让幼儿去做，或者创设一定的情境，让幼儿在游戏、表演等行为练习中体会乐趣，加深印象，学会礼仪。因此在培养幼儿良好礼仪行为从"知"到"行"的转化过程中，需要教师积极创造让孩子实践练习的机会，在日常行为练习中知行合一。

（三）"知行统一"的幼儿礼仪教育需在评价激励中"逐步养成"

幼儿礼仪的"知行统一"，需要在日常生活中逐渐养成，不能一蹴而就。在"知行统一"的幼儿礼仪教育行动研究中，由于幼儿的有意行为是逐步发展的，需要教师采用积极持久的评价激励，使幼儿获得愉悦的体验，促进幼儿道德价值的内化，使礼仪行为真正成为幼儿内部的需要，这样才能够让礼仪行为不断外化并持久，从而成为习惯。因此，在教育过程中，只有晓之以理、动之以情、持之以恒，在生活实践中融"知、情、意、行"为一体，才能助推幼儿礼仪做到"知行统一"。幼儿礼仪言行评价的过程就是教育者运用专业知识对礼仪教育实践进行分析、调整的过程，也是激励幼儿礼仪素养形成的过程。因此，在课程实践中，教师应采用随机评价、阶段评价、过程性评价、行为检核、个案跟踪等多种评价方式，持久关注幼儿在幼儿园一日活动各环节中礼仪行为习惯的养成，通过持之以恒的评价，激励幼儿礼仪"知行统一"。

（四）"知行统一"的幼儿礼仪教育需在家园携手中"合力共育"

幼儿礼仪认知的建构、礼仪行为习惯的养成，不但需要幼儿园科学实施礼仪教育课程，更需要家园社区合力共育，只有这样，才能让"知行统一"的幼儿礼仪教育拥有无穷的动力与源泉。因此，幼儿园在课程实践中，应系统开展幼儿礼仪行为习惯的家庭教育指导实践与研究，通过家庭礼仪教育指导系列课程实践，宣传幼儿礼仪习惯养成的意义价值、内容方法、案例评价等内容，让家长知晓幼儿良好礼仪行为习惯的具体行为标准、内容与要求，提高家长培养幼儿良好礼仪行为习惯的意识，借鉴家庭礼仪教育的智慧与经验。通过多样化培训与指导，帮助家长树立幼儿礼仪教育意识，通过多途径互动，整合家庭礼仪教育资源，凝聚家长参与礼仪课程建设合力，发挥家长礼仪协同教育能力，使"知行统一"的幼儿礼仪教育在家园携手中实现"合力共育"。

参考文献：

1.《教育的使命——面向 21 世纪的教育宣言与行动纲领》，联合国教科文组织教育丛书，教育科学出版社，1997 年

2.《幼儿园教育指导纲要（试行）》解读，教育部基础教育司组织编写，江苏教育出版社，2002 年

3.《上海市学前教育课程指南解读》，上海中小学课程教材改革委员会编，上海世纪出版集团、上海教育出版社，2006 年

4.《幼儿园与家庭、社区合作共育的研究》，李生兰著，华东师范大学出版社，2003 年

5.《爱国情感教育心理学初探》，梅仲荪、段蕙芬编著，人民教育出版社，1996 年

6.《中外民俗》，梁学成著，西北大学出版社，2002 年 3 月

7.《学前教育学》，阎水金主编，上海教育出版社，1998 年 8 月

8.《儿童心理发展的理论》，[美]威廉·C.格莱因著，计文莹译，湖南教育出版社，1983 年

9.《3—6 岁幼儿学习与发展指南》，中华人民共和国教育部，首都师范大学出版社，2012 年 10 月

10.《评价幼儿的六种简易方法》，[美]Sue Y. Gober 著，毛曙阳译，华东师范大学出版社，2011 年 10 月

《开展知行统一的幼儿礼仪教育行动研究》情报综述

浦东新区福山同乐幼儿园 周 巍

一、"幼儿礼仪"相关概念研究

"礼仪"的含义多达几百种。有学者认为，礼仪是指人们在社会交往过程中受历史文化传统、风俗习惯、宗教信仰、时代潮流等因素影响而形成的，既为人们所共认同、又为人们所同遵守，是以建立和谐关系为目的的各种符合交往要求的行为准则和交往规范的总和。简而言之，礼仪就是人们在相互交往中应该共同遵守的行为规范与准则。也有学者认为，礼仪是人类为维系社会正常生活而要求人们共同遵守的最起码的道德规范，是人们在长期共同生活与相互交往中逐步形成，并以风俗、习惯和传统等方式固定下来的行为方式。幼儿礼仪就是幼儿在幼儿园、家庭、社会生活中所必须遵守的一些简单的行为规范。

结合以上学者的观点，加之幼儿园在礼仪教育方面的探索，本课题中的"幼儿礼仪"是指幼儿阶段所应有的礼仪认知、礼仪行为、遵守礼仪的自觉意识与态度（表现为对"礼仪"要求的内在感受、情感与意向等）。从形式上可以分为语言性的礼貌用语，非语言性的仪态、举止、礼节，避讳性的言行等；从适用的场所不同可以分为幼儿园日常礼仪、家庭礼仪、公共场所礼仪等。"礼仪"是源自个体内在的"礼仪素养"，其本质是一种内在的高尚德行与美好修养。

二、幼儿礼仪教育的价值研究

幼儿礼仪教育的价值无可争议。有学者认为礼仪教育是幼儿教育不可缺席的"营养元素"。江苏张家港市乐余中心幼儿园认为，礼仪教育可以让孩子

"优雅地成长"。诸多研究证明，礼仪教育有利于培养幼儿掌握生活常识，有利于对幼儿进行道德教育，有利于中华民族优秀文化传统的传承，有利于增强幼儿学会生存、学会共处的能力。

三、幼儿礼仪教育的内容研究

幼儿礼仪教育的内容，在国内有诸多研究。有学者把幼儿礼仪教育内容归纳为以下几个方面：礼仪意识、礼仪行为、礼仪知识。幼儿礼仪主要包括生活礼仪（进餐礼仪、仪表仪态礼仪、行走礼仪）、交往礼仪（称谓礼仪、问候礼仪、交谈礼仪、做客待客礼仪、接电话礼仪、同伴礼仪）、公共场所礼仪（升国旗、集会、购物礼仪）、公共场合礼仪（课堂礼仪、活动礼仪）。并指出幼儿园是进行系统幼儿礼仪教育的重要场所，教师是礼仪教育的关键，家庭是礼仪启蒙教育的场所，社会是礼仪启蒙教育的重要环境，幼儿个体自身起着决定性的作用。

四、幼儿礼仪教育的方法与途径研究

国内有研究提出幼儿礼仪教育的基本方法有故事启迪法、行为辨析法、示范演示法、情景表演法、游戏童谣法、活动竞赛法等，强调通过生活礼仪教育与生活环境的交相呼应，生活礼仪教育与教学活动的紧密联系，生活礼仪教育与日常生活的融会贯通，生活礼仪教育与家长工作的相互促进等做法开展实践与研究。

浙江温州市瓯海区郭溪塘下幼儿园的《在幼儿园一日生活中进行礼仪教育的策略》一文总结了诸如达成共识、形成合力；重视环境创设、营造礼仪氛围；礼仪课程化，在幼儿一日常规中体现；引导家长群体巩固礼仪习惯等礼仪教育策略。

广东省潮州市饶平县培英幼儿园倡导让幼儿礼仪教育回归幼儿生活，重视礼仪教育的操作性；把礼仪教育渗透在幼儿一日生活之中；重视环境的教育影响，借助生活情境，通过游戏活动、情景表演、社会活动来解决现实问题。苏州工业园区新馨花园幼儿园开展了《幼儿园生活礼仪课程的有效构建与实施》研究，尝试将礼仪定位于"生活礼仪"，其内涵包括环境礼仪、动作礼仪、用餐礼仪与社会交往礼仪。

中央教育科学研究所"十一五"重点课题《礼仪、品格、素质教育实践与研究》总结了幼儿园礼仪教育的实施途径：①创设礼仪教育环境，积极营造和谐优美的园本礼仪文化（规范教师行为，为幼儿树立良好的礼仪学习榜样；创设礼仪环境，为幼儿创造礼仪学习的良好空间；提供实践机会，让幼儿在实践中体验礼仪学习的效果）。②建设礼仪教材体系，为礼仪教育提供持续发展的保障。③结合幼儿一日生活开展礼仪教育活动。

五、国外礼仪教育情况

在世界各国，幼儿园礼仪教育普遍得到重视。如日本儿童的礼仪教育始于幼儿摇摇晃晃走路时，尊敬父兄是礼仪第一课。无论是家庭还是幼儿园都非常重视对幼儿的礼仪教育，在幼儿园中开设专门的礼仪课教学，注重利用传统节日对儿童进行本民族的文化教育，教师通过自身示范教给儿童学会如何待人接物等，看似琐碎的礼节里却透露出一个民族良好的风气——尊老、互敬、好客，关注"孝道教育"，培养"忠、义、孝、礼"。

韩国儿童的礼仪教育体现在问候无处不在，在问候别人时一定先鞠躬，至少是上身倾一倾，然后才是面带微笑地问候。韩国父母对孩子的礼仪教育是随时随地进行，幼儿入园后，每天早晨上幼儿园，见到老师必须鞠躬问候；当家长离开时，老师还会要求孩子向家长鞠躬道再见。

新加坡以儒家学说为核心，在幼儿园开设"好公民"课程。美国的儿童礼仪教育强调社交技艺和常规礼节，教孩子如何以适当的方式与成人打招呼，教导孩子要谨言慎行，而且要牢记三个"C"，即"关心""同情""体贴"。美国人尤其注重培养幼儿公共场合的文明礼貌，讲究礼节，如不穿背心、短裤、拖鞋出入公共场所，衣着整洁等，无论任何时候，接受他人服务时，都要说声谢谢，否则被视为无礼等。英国家庭素有"把餐桌当成课堂"的传统，幼儿一般两岁时就开始系统学习用餐礼仪等。

六、当前幼儿礼仪教育存在的问题

搜索中国知网有关文献，可以发现当前幼儿礼仪教育存在的问题得到多方的重视。如在《论幼儿园礼仪教育存在的问题与应对策略》一文中，阐述了当下幼儿园礼仪教育存在的若干问题，比如，幼儿对礼仪知之甚少，或者知其然却不知其所以然，大部分幼儿对礼仪知识的掌握比较欠缺；幼儿礼仪行为缺失严重，存在着"知道什么是礼仪行为但做不到"等知行不合一的现象；幼儿礼仪教育缺乏系统性，诸如缺乏预见性、及时性、针对性等，在教育过程中显得随意，没有和幼儿现实生活紧密联系起来，没有结合幼儿个性特征采取科学的教育方法和教育手段，限制了礼仪教育的效果；忽略了同家长教育的合作。《幼儿园礼仪教育的现状及建议》一文中指出，目前，许多幼儿对礼仪知识知之甚少，礼仪行为时有缺失，而幼儿园礼仪教育的内容则不够系统完整，教师开展礼仪教育的途径和方法单一。为提高礼仪教育的质量，让幼儿从小养成良好的礼仪习惯，有必要构建全方位的礼仪教育内容体系，采取多样化的教育方式，同时寻求家庭及社会的配合，营造一体化的礼仪教育环境，以取得良好的教育效果。《礼仪教育在幼儿阶段的价值及其实施初探》一文中指出，当前礼仪教育的缺失不容忽视，幼儿良好行为习惯以及礼貌礼仪行为的养成，必须经历由"知"到"情"，再到"行"的转化过程。

从总体上来看，如何有效构建并实施幼儿园系统的礼仪教育课程，促进幼儿礼仪教育中的"知""行"转化，实践"知行统一"的幼儿礼仪教育是非常关键的，也是提升幼儿礼仪教育有效性和实效性的需要。

将儿童剧融入"知行统一"
幼儿礼仪教育的新尝试

季　敏

儿童剧表演属于融合性表演游戏，是把童话故事、成语故事、寓言故事、民间故事等多种题材的故事内容进行戏剧化加工，以幼儿为主体，以童话剧表演为基点生成的、渗透幼儿多元智能目标的游戏课程。在表演过程中，教师的指导隐性出现，并融于游戏活动之中。

礼仪，是指人们在社会生活中所必须遵循的行为规范和准则。它是德育的先导，是时代发展的需要，更是一个国家文明的标志。随着《开展"知行统一"的幼儿礼仪教育行动研究》课题开展，我们积极探索开展幼儿礼仪教育的新方式，开辟幼儿礼仪教育课程的新途径，即在幼儿园课程实施中，将儿童剧表演与幼儿的礼仪教育相结合，试图利用儿童剧的鲜活力、生命力以及感染力开展"儿童礼仪情景剧"系列活动，寓礼仪教育于表演游戏中，寓礼仪教育于角色行为体验中，寓礼仪教育于故事感悟中，寓礼仪教育于潜移默化中。在礼仪教学情境生活化、礼仪教育环境操作化过程中对幼儿晓之以理、动之以情、持之以恒，从而获得良好的礼仪言行并迁移，促进幼儿实现礼仪"知行统一"。

一、寻找切入口，一起选编剧本

儿童礼仪情景剧就是寻找、创编和礼仪有关的儿童剧本，以游戏为载体开展各类表演。我尝试从"童话故事""生活故事"以及"问题情境"三个方面为切入口，帮助孩子一起设计并排演系列儿童礼仪情景剧。

（一）以"童话故事"为切入口的儿童礼仪情景剧

童话的百花园中，千事生蹊，万物有灵。童话故事常能让幼儿与故事中的主人公产生心有灵犀的互动。当我们开展以"童话故事"为切入口的礼仪儿童剧活动时，幼儿便常会情不自禁地进入情境、进入角色，通过想象和创造，与自己喜爱的形象同呼吸、共命运。这种角色体验可以成为他们成长的一份营养素，礼仪的种子逐渐被浸润，然后慢慢滋长。

例如，小班儿童礼仪情景剧《去兔奶奶家做客》，活动目标定位为：在能力方面，能够使用礼貌用语与人交往，懂得有礼貌的孩子才能赢得别人的喜欢；在情感方面，大胆与不太熟悉的人交往，体验做小客人的乐趣。由于小班幼儿年龄小，注意力容易分散，老师首先选取了孩子们喜欢的小熊、兔奶奶等故事形象，创设商店、兔奶奶家等童话情境来吸引孩子眼球，然后利用买东西以及去做客环节为幼儿创设一个自主学习礼仪、自然运用礼仪的环境。在活动中，许多幼儿愿意说、喜欢说，把表演当作游戏，在潜移默化中，孩子们自然而然地掌握了一些做客的基本礼仪。

再如，《小兔乖乖》也是一个很不错的题材，是小班孩子百听不厌的传统故事，它教会孩子大人不在家的时候如何进行自我保护，这也是礼仪教育的内容之一。活动中，老师和家长一起携手创设逼真的故事情境，利用各种音效烘托气氛，俨然将孩子带进了一种活生生的与坏人对抗的情境之中，孩子们临危不惧，与大灰狼斗智斗勇，最终保护了自己，脱离了危险。类似这样的亲子礼仪童话剧更加适合小班的孩子来表演，因为他们年龄尚小，需要在成人的带领下才能大胆地表达表现。

（二）以"生活故事"为切入口的儿童礼仪情景剧

如果说小班的孩子由于心理发展水平低下，他们很容易投入到童话情境中去，那么中班尤其是中班下学期的孩子，随着他们生活经验的逐步积累，思维、情感发展的渐渐成熟，他们就需要一种更为直接、更贴近生活的儿童剧了。考虑到这一点，那么以"生活故事"为切入口的儿童剧活动对于他们来说就更为亲近熟悉。"生活故事"来源于幼儿的日常生活，是对幼儿日常生活片段的重现。通过生活故事儿童剧的演绎，目的是想达到"在情感上与幼儿共感，在认知上与幼儿共识，在行动上与幼儿互动"的效果。

例如，中班儿童剧《文明车厢》讲述的是发生在公交车上的一些小片段，其中包含了给老人、孕妇让座，车厢内不大声喧哗、不奔跑，诚实不欺骗等文明乘车的礼仪要点。整个故事情节中贯穿了音乐、律动、舞蹈、说唱等多种艺术表演形式，丰富多彩，孩子们演得很过瘾。通过这样的演绎方式不仅让孩子懂得了做一名文明小乘客的基本要求，还体会到这种表演游戏带来的快感、满足感。孩子们的多种礼仪认知在行动上得到了体验，在情感上得到了升华。

（三）以"问题情境"为切入口的儿童礼仪情景剧

我们这里所说的"问题情境"，是指当这个情境中的一种行为方式出现后，会使人感到困惑，或会让人觉得不正确，或会让人感觉无法解决，像这样的情境我们把它称为"问题情境"。它能促使参与的个体积极思考，运用一系列的认知技能去寻求答案、解决问题。其实我们的孩子无论是在幼儿园还是在社会或家庭中，都或多或少会发生很多问题行为。通过对家长进行问卷调查与老师个案观察记录，我们会发现一些常见的"问题行为"，根据这些现象设计相关儿童剧，让幼儿在我们创设的"问题情境"中主动纠正不良行为习惯，学会正确的礼仪行为。这种活动方式一般会在大班开展，因为大班的孩子问题意识比较强，他们能主动发现问题，并想办法去解决问题。

例如，大班儿童礼仪情景剧《请你安静听我说》，它的活动目标是初步养成良好的倾听习惯，懂得尊重别人；知道轮流和等待的重要性，明白什么情况下需要轮流说话或等待。教学活动采用由邻班孩子扮演此故事中的主角，将某些孩子在活动中表现的"插嘴、开小差"等现象进行情境再现，鼓励观看的幼儿寻找问题所在，让他们在主动发现问题、帮忙解决问题的过程中获得新知、分辨是非，从而掌握一定的文明礼仪行为，为日后良好行为的养成做好认知准备。

二、激发表现力，合作演绎剧情

儿童剧表演与表演游戏的区别在于，表演游戏是幼儿自发自主的游戏活动，而儿童剧表演强调教师的指导作用，教师在其中引发并推动表演的进展。因此儿童礼仪情景剧刚开始时肯定离不开教师的参与指导，需要以一种有效的方式去呵护、激发、引导幼儿的参与。童话剧表演过程就是让幼儿在相互合作的群体中，学到知识、丰富情感、善于表达。而在这过程中，我们教师要遵守"独一无二"的原则，即强调关注每一个幼儿，在游戏中发掘每一个人的特点，进行有针对性的指导，从而适应幼儿的能力水平，使他们得到最大限度的发展。

（一）营造良好的表演环境

环境对幼儿的身心发展起着不可忽视的作用，创设一个充满童话剧氛围的生活和学习环境，使幼儿在不知不觉中受到艺术熏陶和浸染至关重要。

1. 幼儿园整体环境的创设

将一些幼儿喜闻乐见的经典礼仪故事呈现于亲子书吧，为幼儿、家长在平时交流互动中提供方便，充分发挥环境的隐性教育作用，使幼儿在环境中受到启发。如《粗鲁的小老鼠》《马路上的安全》等故事，通过师幼绘画后，做成大图书布置在书吧，引发幼儿在反复观察中理解、体验故事内涵，为儿童剧表演做好一定的认知储备。

2. 专用活动室的创设

为更好开展表演活动，我们专设表演室。表演室内为幼儿提供制作道具的材料，并通过墙面展示出来。另外，还提供道具、服装、头饰、化妆镜、童话剧剧目、幼儿表演的照片等，让幼儿进入其中就产生表演的欲望，引发幼儿的表演行为，激发各自的表演才能。

3. 区域环境的创设

围绕儿童礼仪情景剧表演的内容，各班还在区域投放相关材料，进一步激发孩子的表现力。比如，在进行《小熊请客》儿童剧表演时，我们就在区角环境增设了为小熊包装礼物、制作头饰、制作连环画、阅读大图书、为小熊布置新家、整理玩具等系列活动，还有专门为表演而设的小剧场，其中有音乐，有故事录音，方便孩子们进行表演。

（二）创设自主的表演空间

儿童剧表演是以幼儿的自主活动为主，游戏中教师要给予幼儿足够的自主空间，这不仅仅是指幼儿要有自主选择材料、场地、同伴等权利，更重要的是给予他们自主想象和创造的空间，并在尽可能的范围内帮助他们实现自己的愿望。

1. 人人都是演员

儿童礼仪情景剧是为每一个幼儿能参与其中而"量身定制"的游戏活动，因此在小、中、大班都要有不同的策略。小班孩子胆子小，音量不够大，教师往往会采用多人担当一个角色的策略，这样既增强幼儿在舞台上表演的信心，又满足每个孩子同时上台表演的愿望。中、大班幼儿的表演能力、创编能力都有了相应提高，教师往往采用丰富剧本情节的策略，让每个孩子都能找到适合自己的角色。比如在《三只蝴蝶》的表演中，原本就只有三只蝴蝶和三朵花的角色，可在我们创编的剧本中有"太阳公公""乌云婆婆"等角色，这不仅让每位能力不同的孩子找到适合自己的角色，也使得表演更具趣味性。

2. 愿望都能实现

在儿童礼仪情景剧中，幼儿确定表演主题后，表演的程序、道具、服饰、场景的准备、任务的分配、主题资料的搜集等都由幼儿参与完成，教师则以游戏合作者的身份在恰当的时候给予帮助和建议。比如在《孔融让梨》的表演中，孩子们对"古时候男孩子头上盘发髻还是女孩子盘发髻"这一话题进行争论时，我就建议他们在爸爸妈妈的帮助下借助书籍、网络平台去查找答案。当他们提出要穿上古代的服饰进行表演的时候，我也帮着发动家长资源尽量满足孩子们的每一个愿望。

3. 指导与评价相交织

儿童礼仪情景剧的指导是与评价相交织的，教师应注意做到个别事情个别处理，个别幼儿个别指导，使每一个孩子都能找到自己的生长点，以适应自己的方式成长；同时这种指导又融于游戏之中，以隐性方式出现，体现游戏、评价、指导的三位一体。儿童礼仪情景剧提倡多角度的评价，除了表演之外，还应该将幼儿在活动中对材料的制作和运用、对某一环节表现出的热情、自信、合作以及某一领域的经验表现等都给予评价，让每个幼儿都能发现和找到自己的优势。

三、乐于玩中演，促进"知行统一"

其实尝试将儿童剧教学手段融入幼儿礼仪教育研究以来，每一次儿童礼仪情景剧的编、演、玩，我们都费尽心思、绞尽脑汁。我们觉得不是所有的文明礼仪行为都适合用儿童剧的教学手段呈现，也不是所有的文明礼仪行为都适合学前教育期的孩子们，因此我们不仅仅要找出符合学前教育期幼儿年龄特点的文明礼仪行为，更要将儿童剧手段做到自然、和谐以及能够吸引孩子。爱因斯坦说过，"兴趣是最好的老师"，基于这一点，往往有些剧情要一研再研，我们在不断失败、改进的过程中总结经验，设计出小中大每个年龄阶段各自适合的儿童礼仪情景剧。经过近两年的不断实践与探索，我们现在已经有了许多比较成功的活动案例，如《乱扔香蕉皮的狐狸》《去做客》《文明车厢》等。

孩子们通过一次次的角色扮演和故事情节演绎，在各方面都获得了收获和发展。首先，幼儿在儿童礼仪情景剧表演中，自主性、个性、社会交往能力、语言能力和表演能力等都有了不同程度的发展。具体表现为幼儿有表演的主体意识，有明确的学习目标和自觉积极的学习态度，能够在教师的启发下，与他人分工合作，把所体验到的情感、知识、技能转化为自己的理解，并能运用到表演中。其次，能充分发挥自己的潜力，主动去认识、学习和接受教育影响，积极提出质疑，参与讨论，表达自己的观点，幼儿在参与童话剧表演全过程中，真正成为活动的主体。最后，也是最让人欣慰的，就是幼儿通过儿童礼仪情景剧表演，从一个个活生生的情境中了解了在个人礼仪、公共礼仪、与人交往过程中需要保持和遵守怎样的文明礼仪行为，从而将这些知识迁移到具体的生活当中，成为自己的一种经验习得。例如，刚过春节，我们开展了"热热闹闹过春节"主题，幼儿在角色区模仿家人请客、招待客人的游戏，《小熊请客》的童话剧表演就这样产生了。孩子们讨论出了做小客人需要准备哪些礼物、应该说哪些有礼貌的话、在别人家里吃喝玩乐的时候要注意避免哪些不礼貌的行为；同样的，作为小主人要如何招待客人、学会分享、怎样收拾整理、客人回去了要回应哪些有礼貌的话等等。尽管是小班的孩子，但是通过前期的讨论以及教师的引导，孩子们在演绎的时候角色意识非常清楚，每个环节该说什么话该做哪些事都有模有样。家长们也对孩子的出色表现感到很惊讶，纷纷点赞，表示孩子们经历了儿童剧的演绎之后，一下子懂事了很多，有时去亲朋好友家吃饭，还会提醒爸妈要记得带礼物，见了别人嘴巴也是甜得不得了，很有礼貌。听到家长这样的反馈，我们很是欣慰，我们相信只要不放弃，坚持让孩子们在玩玩演演中开展礼仪儿童剧的排演，孩子们的发展定会更加让人惊喜。

"少成若天性，习惯成自然。"文明礼仪及其习惯的养成对孩子的终生发展有着十分重要的意义。总之，只有让幼儿从自身做起，从身边的小事做起，反复学、反复说、反复做，才能养成好习惯，习惯成自然。

幼儿礼仪故事活动的实践与研究

王 蓓

礼仪教育具有潜移默化的特点，也是一场润物细无声的系统工程。在礼仪教育过程中，我们往往只告诉孩子该怎么做，却忘记让孩子真正去理解"我为什么要这样做"。同时，我们发现真正用于幼儿礼仪教育的课程较少，真正适合孩子的教育方法更少。

绘本具有贴近孩子生活，具有及艺术性、文学性、文字和图画和谐共处等特点，"不需要文字，图画就可以讲清楚一件事情"，对幼儿"情感、态度、价值观、纯洁心灵"的成长有着独特和不可替代的教育价值。著名作家、儿童文学理论家彭懿先生说："故事是最适合幼儿阅读的图书，故事才是真正的儿童书。"因此，我们尝试将礼仪教育精髓融会于"故事"之中，以画面生动、礼仪内容明确的故事素材为载体，充分挖掘其中所蕴含的礼仪教育元素，运用有效的策略指导幼儿阅读各种礼仪主题故事内容，让幼儿在听讲故事、表演故事等寓教于乐的形式中，学习礼仪知识，培养良好习惯，探索和创新幼儿礼仪教育的新思路新方法。

我园将礼仪故事活动融进主题活动中，旨在以中华传统故事为切入口，培养幼儿对优秀传统文化的兴趣，增进幼儿对经典故事的感知，同时在幼儿的心里建立中华文化意识，培养他们的爱国主义精神和良好的品行。我们认为，礼仪故事的选择要切实从幼儿角度出发，取材要贴近幼儿生活，情节要符合幼儿独特的心理状况、思维方法和语言特色。根据幼儿"以自我中心为主慢慢转向以他人为中心"的年龄特点和学习规律，故事内容的选择分为小班以个人礼仪为主，中大班以家庭礼仪、公共礼仪为主。现将我园开展"幼儿礼仪故事活动"实践研究中积累的经验与大家交流与探讨。

一、礼仪故事活动的环境创设

我们十分重视师生共同在礼仪故事活动中创设丰富的环境，让幼儿在自然宽松、愉悦的环境中不知不觉习得阅读习惯，获得知识经验。

1. 提供多种材料

为使礼仪故事活动顺利开展，我们为幼儿提供多种材料，自编礼仪故事教材，将知识性、思想性、娱乐性渗透进礼仪故事活动，并辐射到其他学习领域，这对激发幼儿的故事兴趣起到积极作用。如每个教室里的故事角，孩子们经常把自己喜欢的或已经学会的故事放入其中和伙伴及家长共享、共学；在师生自制的故事专题板块上，孩子们把自己对故事的理解与运用以绘画、剪贴等形式表现出来，张贴出来。在有限空间开辟故事室、故事表演厅，自制幼儿喜爱的服装及相应的道具……这样的环境传递给幼儿大量的故事信息与刺激，对幼儿萌发学习故事的兴趣起到了积极的推动作用。

2. 创设多种情境

我们创设情境，让孩子们在故事情境中耳濡目染、潜移默化。如每天清晨，班级小广播会播放经典礼仪故事；每月一次，教师为孩子表演声情并茂的故事节目，在描述或讲解中将自己的情感融于其中，传达自己的情感体验。这样，可以唤起幼儿的情感共鸣，激起幼儿的情感投入，从而推动幼儿去感知、理解、运用和表现。其次，每月一次的"福幼娃娃本领大"舞台，幼儿把喜欢的富有童趣的礼仪故事通过情景剧的形式表现出来。活动中，孩子们主动参与、积极表现、充满热情。

3. 收集资料，交流信息

现代社会是信息社会，所以我们十分重视对幼儿信息收集、交流能力的培养，这是未来社会学习和生存极为重要的方法和途径。在故事学习中，孩子们尝试对多种信息渠道进行探索。如，有的孩子和爸爸妈妈上网寻找故事，有的孩子采访父母了解礼仪故事的含义，有的孩子和家人去书城寻觅，听同伴讲述故事……孩子不断提高信息收集能力、交流能力，为后续学习奠定了扎实基础。

4. 提倡幼儿制订学习计划书

到了中大班，孩子们的目标意识、责任意识已初步建立。根据其生理心理特点，我们让幼儿尝试自己制订计划书，从而让孩子养成有序学习、有序生活的习惯。如本月了解了哪些礼仪故事，本月我准备参加"福幼娃娃本领大"的哪个栏目等。孩子有了明确的目标，便会朝着这个目标去准备。孩子的任务意识、责任意识在制订计划中得以发展。

二、礼仪故事活动的方式

1. 灵活运用多媒体

多媒体拥有色彩鲜艳的动态视频、生动逼真的音响效果等特质，能在短时间内调动幼儿多种感官共同参与，使孩子获取动态信息，形成鲜明、深刻的感性认识。此外，借助多媒体，还能实现师生互动、生生互动，给幼儿提供自主、合作、探究的学习平台；能促使幼儿萌发对礼仪故事的浓厚兴趣，获得愉快的情感体验，享受成功的喜悦，从而为今后的各种学习活动提供无穷的原动力。因此，我们充分利用多媒体创设生动形象的情境，让幼儿在故事意境中感知体验。

传统礼仪故事由于流传年代久远，幼儿往往不容易理解，多媒体的优势在于能够把抽象的概念、难以观察清楚的现象、跨越时空的事物、不易实现的实验进行信息处理和图像输出。在显示屏幕上，教师精心挑选制作的礼仪故事课件往往能根据故事的内容进行微观放大、宏观缩小、动静结合、声画并茂，生动地把故事的意境展现在幼儿面前，使幼儿跨越时空界限，联想当时情景，深入领会故事的内涵。例如在《孔融让梨》故事中，我们注意发掘故事中的礼仪素材点，自制生动的学习课件，为孩子们创设了丰富的图文音像资料。当一幅生动有趣的课件画面展示在屏幕上时，一下子吸引了孩子们的视线，他们被故事吸引，有的孩子还学着孔融的样子进行礼让的表演。无疑，此情此景的创设，使幼儿一开始就有了良好的情感体验，对照自己的想象，就更加深刻地体会到故事内涵，同时激发幼儿潜在的学习兴趣，唤起了他们礼仪认知的渴望。

2. 设计创编小游戏

爱玩是孩子的天性，从心理学的角度上讲，直观、形象的事物和活动最能激发孩子们的学习兴趣。我们在礼仪故事活动中十分注意让孩子运用听觉、触觉、运动觉等多种感官，关注孩子行为、情感、思维、动作、语言的发展，鼓励孩子对故事反复品味，用故事引领行动，促进理解及运用。针对孩子的年龄特点，我们把故事活动寓于游戏之中，常常会在礼仪故事活动中设计一些孩子们喜闻乐见的小游戏，加深幼儿对故事的理解。如在"做客"活动中，设计智力闯关游戏；在《排好队，一个接一个》的阅读中，结合绘本设计了组织幼儿模仿故事中的小动物来练习排队的游戏情境：游戏开始了，小宝宝们排好队！大象滑梯真好玩，谁接着小河马？谁接着小熊？谁排在了小猫后面？……幼儿特别感兴趣，每次都非常高兴并自觉地一个跟着一个排好队。就这样，故事里有趣的情节变成了有趣的排队游戏，在孩子们眼里，这不是在学习而是在玩。这就将"老师让我排队，不让我乱跑"的指令性的被动行动转化为"我想排队做游戏"的自觉性的主动活动，既激发了幼儿学习的主动性，又收到了良好的教学效果。

3. 鼓励争当小老师

我们在故事活动中采用了"小老师制"：小朋友煞有介事地去选择好内容，设计好方案，并积极地组织教学。孩子们对当小老师的模仿或创造极为可爱。由于孩子来自不同的家庭，他们获取信息的途径及习得的知识都各不相同。因此，在广告栏里就会经常出现"我已会讲哪个礼仪故事，愿意学的请与我联系"等话语，这种自我推荐、自我结合、你教我学的方式深受孩子的喜爱。有时，由于陌生的故事太多，我们采用竞聘的方式让孩子轮流做小老师，孩子对做老师是非常向往的，正是有了这份向往，学习故事的积极性日趋高涨，形成了一个良性循环的状态。

4. 支持主动去尝试

我们提倡：凡是孩子能说的让孩子自己说；凡是孩子能想的让孩子自己

想；凡是孩子能做的让孩子自己做。我们在礼仪故事活动中鼓励教师尽可能多地为幼儿提供多种尝试、表现的情境与条件，启发幼儿大胆尝试、运用与创造。我们开展礼仪图书制作，请孩子把喜欢的礼仪故事画出来，争做"出版商"；组织专题节目，鼓励孩子把自编自导的礼仪故事表演出来，争做"小演员"……在一日活动中注意礼仪渗透，让幼儿用绘画、语言、歌舞等形式把自己对礼仪故事学习的理解与感受表现出来，以故事引导每个孩子都学做礼仪小绅士和小淑女。礼仪故事已经成为了孩子们一日活动中一道亮丽的风景线。

三、礼仪故事活动的方法

幼儿文明礼仪的形成，并非一朝一夕之事，要从一点一滴、一招一式的细节抓起。采用恰当的教学方法，能够让礼仪故事活动"达礼""化仪"。

情感体验法——例如《菲菲生气了》，听故事后，引发幼儿讨论："你们平时遇到过什么让你非常生气的事情吗？为什么生气？"马上把孩子们从高高在上的故事里牵回到自己的现实生活中来，"有小朋友总是抢玩具，让我很生气！""有的小朋友滑滑梯不排队，让我很生气！"……对于礼仪的学习，就是要帮助孩子们解决他们生活当中碰到的种种小问题，才能让他们感觉到学之有道，学有所用，我们的"达礼"才有可能真正地为后来的"化仪"所服务。

情境表演法——表演是幼儿非常喜爱的一种学后表达方式，类似《猜猜我有多爱你》《逃家小兔》等角色可爱、情节生动、蕴含趣味、对话简约的故事，幼儿通过自己的理解和演绎，选择自己喜爱的角色表演，学习角色的语言、动作，不仅可以使幼儿对故事理解得更为透彻，还会体验一种表现和展示的乐趣，在同伴和老师的掌声中，为自己的精彩表演感到快乐。

行为练习法——引导幼儿把从故事中学习到的礼仪知识自然过渡到生活实践中来，逐渐在量的堆积中实现质的飞跃，成为行为习惯。例如，阅读了《收起来》："小熊玩完玩具啦！小熊走了，玩具们为什么哭了？喔，小熊收玩具了。它先收了……又收了……后来收了……最后，小熊和玩具们说了什么？收好玩具,下次再玩!"幼儿知道玩过、用过的物品要分类放回原处之后,教师有意识地引导幼儿在每次游戏后自觉将各种用品进行收拾整理,在生活实践的行为练习中完成良好礼仪习惯的后续培养。

社会实践法——涉及公共场所礼仪内容的,大部分需要在丰富的社会实践中完成后续培养。孩子礼仪行为的习得需要在多种真实情境中体验形成,我们利用社区资源精心创设多种活动,让幼儿进行社会性礼仪教育实践。例如,阅读了《我妈妈》《送给爷爷的礼物》等故事后,开展三八妇女节与妈妈联欢,为妈妈、奶奶做一件好事,重阳节去福利院给老年人送礼物、表演节目等社会实践活动,学会热爱妈妈、尊老敬老……幼儿通过自己的社会实践行为,增强了愉快的情感体验,促进了礼仪习惯的养成。

四、礼仪故事活动的延伸

家长是孩子的第一任老师,也是终身的老师。幼儿礼仪的养成离不开家庭和社会的支撑。如果家长每天坚持进行亲子共读,不仅会使孩子良好的学习习惯得到培养和巩固,感受到读书的快乐,更会加深亲子之间的感情,这也是一种强调亲子间互动的最佳沟通方式。所以我们把亲子共读作为深化课题成果的主要辅助手段。

我们利用家长开放日等时间对家长进行亲子故事的指导,教师向家长介绍礼仪故事的内容以及共同学习的方法。同时,我们还利用网络和电话与家长一起交流故事的心得,使越来越多的家长意识到心理故事对幼儿健康成长的影响,并参与到亲子共读的活动中。在学习的过程中,教师注重发挥好传播者的作用,帮助家长和孩子一起学礼仪、做礼仪,向家长宣传进行礼仪教育的重要性;在活动中,注意收集和推广家长教育的金点子;及时反馈,催化家长之间的相互取经、相互借鉴,为幼儿礼仪教育系列活动的完美实践拓宽道路。

总之,礼仪故事活动的实践研究充分发挥了礼仪教育功能,积极营造愉快的学礼仪氛围,充分关注如何帮助幼儿积极地参与活动,不仅激发了幼儿的探索欲与求知欲，树立了孩子的自信心，培养了孩子的独立性，更重要的是，孩子因为喜欢故事而爱礼仪，生动的礼仪故事活动助推幼儿成为有礼仪的小绅士与小淑女。

说童谣，讲礼仪

——童谣在幼儿礼仪教育中的实践与运用

刘丽珍

童谣是我国传统文化中的精髓，它篇幅短小，朗朗上口，语言生动，结构简单，富有情趣和韵律美，深受幼儿喜爱。许多童谣饱含教育意义，能让孩子在浅显易懂的词句中，感受最朴素与最深刻的教育。好的童谣能滋润孩子们的心灵，帮助其健康成长。

幼儿期是个人品德和个性形成的关键时期，培养幼儿良好的礼仪素养，可以为其养成优雅的人格奠定基础。在幼儿园《开展"知行统一"的幼儿礼仪教育行动研究》过程中，我们尝试根据幼儿的生活实际，编写一首首朗朗上口、形象通俗、易读易记的礼仪童谣，通过吟诵歌谣传递正确的行为规范，使幼儿从小养成良好的生活习惯，形成良好的文明礼仪。

一、寓礼仪童谣诵读于幼儿生活中

在幼儿一日生活中渗透礼仪童谣教学，把培养良好的生活礼仪融于短小精悍的歌谣诵读中，让幼儿在学学、念念、做做的过程中潜移默化，收效良好。

幼儿每天来园、离园路上的《礼仪歌》："早入园、不迟到，见老师、问声好，小朋友、也问到，别父母、不忘掉。"让孩子懂得做一个彬彬有礼的孩子；午餐时播放的《吃饭歌》："小调羹手中拿，一口饭一口菜，吃饭时不讲话，垃圾扔进小碗里，自己的饭菜都吃完，桌面地面都干净，人人夸我好宝宝。"提醒幼儿遵守各项常规要求；《午睡歌》："轻轻走进午睡室，小花被，铺铺好，大家快来睡午觉，冬冬不会脱衣服，丁丁快来帮帮忙，慢慢脱，别着急，脱下衣服叠整齐，养成生活好习惯，人人夸我好宝宝。"让幼儿学会自己的事情自己做，同时尝试帮助部分能力弱的小朋友，以增强他们的自信心和同伴间的友爱之情，养成安静午睡的好习惯。随着天气的逐渐转冷，孩子们穿的衣服也慢慢多了起来，每次午睡以后，要求老师帮忙的孩子也越来越多。于是，我们利用生活活动时间，结合《穿衣歌》让孩子们学会穿外套的方法。从孩子们开心的笑脸中，我们可以知道，他们在为自己学会穿衣服感到开心。

此外，我们还根据排队、做操、晨间接待、盥洗、起床、洗手等生活活动创编了各种儿歌、童谣，并在生活活动中充分应用。一首好的儿歌，能培养一种好的习惯。通过儿歌在一日生活活动中的渗透，唤醒和鼓舞了孩子们形成良好的行为习惯。通过儿歌、童谣的吟诵，文明礼仪教育向着"润物无声""踏雪无痕"的境界发展。

二、寓礼仪童谣诵读于多领域学习活动中

将礼仪童谣渗透到幼儿学习各领域中，使幼儿时刻受到良好行为习惯、文明礼仪的熏陶，促进幼儿全面、和谐发展。

幼儿喜欢节奏感强的音乐，而童谣本身就具有鲜明的音乐性和节奏感，结合轻快活泼的音乐唱童谣显然比单调的吟唱更能激发幼儿的兴趣。于是我设计了大班学习活动"礼仪歌"，利用说唱童谣的方式创编礼仪歌，并体验和同伴合作创编的快乐。大班的幼儿已经有简单创编和合作的能力，幼儿在熟悉礼仪歌内容的前提下，结合生活创编更多新的礼仪童谣，效果良好。如幼儿自己创编了《打电话》——"小朋友，打电话，轻声问好，有礼貌，哟！哟！有礼貌。"还创编了《上下楼梯》的礼仪童谣——"小朋友，上楼梯，不推不挤有礼貌。"等。在创编中，幼儿自己去发现生活中需要有礼貌的行为举止，然后同伴间合作将生活中的礼仪言行创编到儿歌中。孩子们在有趣的"礼仪歌谣五星挑战赛"等游戏中，尝试着把一个个生动有趣的礼仪童谣展现出来，将生活、学习、游戏中的礼仪要求归纳总结出来，在有趣的节奏活动中知礼仪、行礼仪。

中班语言活动"小兔花园"，目标是让幼儿感受和理解故事中季节变化带给小兔快乐和忧伤的情感，并大胆地表达自己的想法，体会帮助他人的快乐。

我们在活动设计中渗入关心残疾人教育，先从关心残疾人的谈话入手，谈谈如何帮助残疾人；再从关心身体的残疾，过渡到关心同伴、亲人的内心，当同伴、家人感到难受、孤单、不开心的时候，我们应该送去关心和问候。活动中，创编礼仪三字经："残疾人，需帮助；好朋友，要关心；送温暖，多问候；你我他，多快乐。"通过礼仪三字经的反复吟诵，连接起关爱他人、友爱同伴、彼此快乐的美好情感。

三、寓礼仪童谣诵读于游戏活动中

游戏是幼儿园的基本组织方式，孩子们在游戏中生活，在游戏中成长，把礼仪童谣与游戏结合，让孩子们在愉快的游戏中促进礼仪知行统一。如在"公共汽车"角色游戏中，我们创设了情景表演舞台，师生共同制作了公共汽车，老师扮演老奶奶、老爷爷，上车的时候，有的小朋友说："爷爷奶奶年纪大了，车子开的时候会站不稳，我会让座位给你坐。"还有小朋友说："我会把我坐的位置让给老奶奶、老爷爷，因为他们的腿站久了会痛。"也有几个孩子自己坐在座位上，一动不动。这时，老师就巧妙地把《好宝宝歌》："见了老师问声好，见了同伴问声早；公共车上让座位，过马路时帮老小；学会虚心懂礼貌，人人夸我好宝宝。"穿插到"公共汽车"这一游戏活动中，在学念儿歌的过程中，其他几个孩子也纷纷站起来让座。此后我们把《好宝宝歌》图文并茂地贴在公共汽车上，孩子们在玩"开汽车"游戏时常常吟诵，礼貌用语、乘车礼仪也逐步内化为幼儿的自觉行为。在汽车行进的过程中，我们又融入遵守交通规则的礼仪三字经："过路口，不乱闯；红绿灯，要看清；红灯停，绿灯行；守规则，平安行。"通过这类与礼仪童谣相结合的游戏，孩子们养成了良好的习惯，文明礼仪得到了进一步地锻炼。

四、寓礼仪童谣诵读于表演活动中

表演性的活动作为自主游戏的一部分，具有情感渲染和直观体验的特点。幼儿在游戏中的情绪是积极的、愉快的、主动的，因此，通过表演对幼儿进行教育，是极其重要的，有利于激发幼儿对作品的兴趣，加深他们对作品的理解。

我们通过"每月一演"礼仪童谣展演的方式激发幼儿对礼仪童谣的表演兴趣，收集个人礼仪、交往礼仪、公共生活礼仪等不同题材的童谣，通过说一说礼仪童谣、演一演礼仪故事，帮助幼儿学礼仪，做礼仪好宝宝。童谣展演让孩子们对礼仪童谣印象深刻。演出有三个篇章，即生活礼仪篇，《盥洗童谣》等告诉我们怎样做一个讲卫生的好孩子；公共生活礼仪篇，以《去郊游》的欢快旋律为主线，表演《红绿灯》等歌谣，告诉大家遵守交通规则、爱护公物等出游需遵守的公共生活礼仪；交往礼仪篇，《礼貌歌》《好朋友》等歌谣让孩子们懂得礼貌、分享、谦让的重要意义，引导幼儿礼貌交往。

五、寓礼仪童谣诵读于家园合作共育中

家庭是幼儿生活的第一环境，家园合作对于提升幼儿教育质量有着非常重要的作用。我们通过家长会、家园小报、家园联系窗，宣传幼儿礼仪童谣，让家长和孩子一起来吟诵礼仪童谣。"每周礼仪歌谣导读"使家长能够及时了解班级阶段礼仪教育侧重点，对家长如何配合开展礼仪教育提供清晰指导，同时也增强了家长的文明礼仪意识。我们也组织开展"家庭礼仪童谣"创编大赛，通过活动让家长积极参与到幼儿园礼仪课程的实践中来。正是由于家园合作，形成家园共育合力，对幼儿礼仪行为习惯的培养起到了事半功倍的效果。

脍炙人口的礼仪童谣"说出、唱出"了孩子们童年的快乐和成长的喜悦。运用礼仪童谣开展礼仪教育活动无疑是礼仪课程实践中的又一次新尝试，伴随着一首首朗朗上口的礼仪童谣，不良的言行在孩子们生活中逐渐消失，讲文明、行礼仪之风在幼儿园悄然形成。

浅谈幼儿礼仪教育在游戏中的渗透策略

高 燕

"幼儿园应为幼儿提供健康丰富的生活和游戏环境，满足他们多方面的发展需要，使他们在快乐的童年生活中获得有益于身心发展的经验。"(《幼儿园工作规程》) 幼儿期是一个人的行为习惯、道德品质和个性形成的重要时期，也是接受礼仪教育的最佳时期。因此，开展礼仪教育，有助于幼儿养成良好的个性品质、社会性品质和道德品质。喜欢游戏是幼儿的天性，因此，游戏也是幼儿最基本的学习方式。而角色游戏是幼儿最喜欢的游戏活动，它能让幼儿在游戏中通过角色扮演、规则遵守、材料摆弄、教师引导等过程获得礼仪认知，内化礼仪行为，促进幼儿礼仪"知行统一"。幼儿园如何在游戏中渗透幼儿礼仪教育，是《开展"知行统一"的幼儿礼仪教育行动研究》课题必须思考的问题之一。

一、在宽松自由的游戏氛围中孕育礼仪

（一）营造自由和谐的游戏氛围

自由和谐的游戏氛围能丰富幼儿礼仪知识，增进幼儿礼仪交往，是孕育幼儿礼仪言行的沃土。我们充分尊重幼儿的意愿，和孩子们一起创设了自主和谐的角色游戏区，让幼儿之间既能够相互交流、共同合作，又互不干扰，能专注地投入游戏中，为幼儿间的友好交往奠定基础，为礼仪教育提供平台。比如"娃娃家"游戏、"给娃娃过生日""礼貌做客"等，孩子们在游戏中体验做客礼仪；在"自助餐厅"游戏中，幼儿学会遵守公共礼仪；小舞台的观众知道要安静观演；配送中心的快递员要会说"您的快递，请签收，谢谢"等礼貌用语；"小当家""爱心屋"等角色游戏，萌发尊老爱幼、互帮互助情感……"烧

烤店""飞机场""美甲店"等源于生活、体现生活的游戏情境，给幼儿间的交往合作提供了平台，满足幼儿尊重与被尊重的情感需求，培养了幼儿的合作交往礼仪。孩子们在愉快的角色游戏中认同礼仪行为规范，丰富礼仪知识，获取礼仪交往技巧，增强礼仪交往的能力，感受礼仪交往的乐趣。

（二）创设有序、开放的游戏环境

有序的游戏环境能够发挥规则暗示作用。因此在角色游戏开展过程中，我们引导幼儿协商制定相应的游戏规则，将礼仪元素与礼仪目标以图文并茂的形式张贴在游戏区，发挥游戏环境的暗示作用。如"小舞台"观众座位上的数字起到按号入座的提示作用，舞台观演区的安静观演图标提示孩子争当文明小观众。我们通过环境、标记等暗示，逐步让幼儿学会遵守游戏规则，从而培养幼儿良好的礼仪行为。

游戏前后，老师引导幼儿在游戏中学会协商、制订文明游戏规则等。游戏中，老师扮演角色，以角色的文明言行给孩子以榜样引领。如孩子们通过讨论协商制订了"三轻"游戏规则：游戏中大家都要遵守走路轻、讲话轻、拿东西轻。由于规则是幼儿自己讨论制订的，大家都能积极遵守。以往的"小顾客"到了"美食店"总是大叫大嚷："我要薯条！"如今则是安静地排队购买，然后安静地等待服务员拿来自己需要的食品。又如以前常常是你争我抢谁也不肯让的建筑工地"队长"这个角色，因有了"要商量、要谦让"规则后，幼儿懂得了与人交往必须要讲礼貌、会协商与合作。

二、在自主互动的角色交往中学习礼仪

角色游戏在幼儿礼仪教育中的价值在于能让幼儿在角色互动交往中学会协商合作、交流分享，在自主互动的角色交往中学习礼仪。

（一）教师成为游戏的玩伴，促进角色互动

教师可以以"支持者""合作者""玩伴"的身份参与角色游戏之中，坚持

"以幼儿为主体"的原则，最大限度地促进幼儿在角色游戏中大胆与同伴互动，做到懂礼仪、知礼仪、行礼仪，真正做到知行统一。

【例】小班"点心店"游戏开始了，"服务员"和"厨师"各自忙碌着。"服务员"在整理餐桌，"厨师"埋头做点心，"顾客"很无奈，一直问："有服务员吗？有服务员吗？""厨师"和"服务员"好像都没有听到。于是我扮演了一回"服务员"，与"顾客"热情交谈起来，"顾客"说："请问有人吗？我要吃烧烤！"于是我站到门口，一边做弯腰鞠躬的动作，一边做请进的手势，同时微笑着说道："欢迎光临！请坐！请问您想吃什么？""顾客"点了一个玉米棒和一杯可乐，"服务员"见状马上配好餐，跟着说："小姐，这是你点的食物，请慢用。""顾客"走的时候，"厨师"与"服务员"都有礼貌地说："欢迎下次再来！"后来点心店又来了许多"顾客"，"服务员"既能很有礼貌地招待"顾客"，又能细心地和"厨师"交流，"点心店"的生意越来越好。

可见，游戏中老师以玩伴的身份与孩子一起游戏，发挥着礼仪言行的直接示范作用，玩伴的礼仪言行影响游戏中角色的礼貌交往。

（二）教师成为游戏的支持者，推进情节发展

游戏中教师除了做孩子的玩伴外，还要成为孩子活动的支持者、引导者和观察者。教师支持幼儿生成的游戏主题，支持主题的成立与深入发展，在助推游戏情节发展中让幼儿大胆表达爱的情感，推进礼仪言行练习。

【例】小班"娃娃家"游戏，当老师发现孩子在游戏中喜欢单独摆弄物品，缺乏家庭成员之间互动的时候，在娃娃家中投放了色彩鲜艳的生日蛋糕玩具，于是孩子们自然而然地有了"给娃娃过生日"的情节。小客人们纷纷上门和娃娃一起庆祝生日，唱起了生日歌，能有礼貌地对着娃娃说出生日祝福语："祝你生日快乐！这是我给你的生日礼物，请收下！""谢谢你的生日礼物，我们永远是好朋友！"伴随着游戏情节的发展，幼儿会给朋友送去祝福的话语，送上生日礼物，感受到纯真的友谊和朋友间互相关爱所带来的幸福感。

随着幼儿游戏经验的逐渐丰富，游戏中出现"以物代物"的行为表征，教师可提供"百宝箱"，供孩子随时按需取代，满足游戏需要。

【例】"飞机场"游戏中，"空姐"将棉纱绳放在凳子上，变成了"飞机"座位上的安全带，又从百宝箱中取出报纸，做成小喇叭，通过"广播"提醒乘客："飞机马上就要起飞，请系好安全带！请注意安全！""请关闭手机！"等等。"天猫快递员"在游戏中需要一个"手机"联系"买家"，他们会在百宝箱中找到一个长方形的纸盒替代手机："请问您是娃娃家妈妈吗？您订的天猫快递送到了，请签收！""买家"则有礼貌地回复："谢谢！辛苦了！"

百宝箱中丰富的材料能满足幼儿在游戏中的各种需要，即推动了游戏情节的发展，又能提供给幼儿礼仪言行实践体验的机会，真正做到让幼儿在游戏中习礼仪。

三、在快乐愉悦的分享交流中"爱礼仪"

（一）观察精选分享点，激发幼儿"爱礼仪"的情感

在角色游戏中，教师必须观察幼儿的游戏言行，树立在游戏中培养幼儿礼仪言行的课程意识，根据幼儿在游戏中的行为表现分析幼儿礼仪"知行统一"的情况，并及时抓住游戏中的"礼仪"讲评内容点，与大家或分享或讨论，在分享中激发幼儿积极的情感体验，引起幼儿对礼仪言行的关注，让幼儿在体验成功快乐的同时，做到"爱礼仪"。

【例1】在"美甲店"游戏中，各式各样的美甲贴吸引了孩子的视线，大家争先恐后抢着去美甲，人挤人，吵吵嚷嚷的一片。交流分享时，老师就提出了"美甲店"里生意火爆但次序混乱的问题，该如何解决？有的幼儿说可以让"美甲店"老板发美甲顺序卡，让顾客按照号码的先后，依次去美甲；有的说可以在"美甲店"外放几把椅子，让客人按先后顺序排队，学会等待；有的孩子说年轻顾客要懂得谦让"爷爷奶奶"，做个敬爱长辈的好孩子……交流分享

中，幼儿懂得了谦让、等待是一种美德，并能在游戏中模拟体验。

【例2】在刚开张的"哈哈汽车坊"游戏中，男孩们对于汽车非常感兴趣，他们开着"小汽车"，在"马路"上横冲直撞，那叫一个开心，却忽略了应有的游戏规则。于是，在游戏后的交流分享中，我们就围绕着"小司机"的行为，让孩子们进行交流讨论。老师开门见山地问："'小司机'今天玩得很开心，但是'行人'却非常害怕，你们知道为什么？"通过教师的提问，孩子们进行了互动，有的说："'小司机'开得很快，我坐在上面很害怕。"有的说："今天，我的车被**的车撞了一下。"……老师又问："那怎样才能让'司机'开得开心，'行人'及'乘客'又觉得放心呢？"孩子们纷纷讨论，有的说："要请警察叔叔帮忙。"有的说："'小司机'在开的时候要看红绿灯，遵守规则就不会撞了。""还可以在地上画斑马线，这样就安全了。"讨论中孩子懂得了遵守交通规则的重要性。

（二）运用多种讲评方式，再现游戏中的礼仪闪光点

在角色游戏的交流分享环节，教师可以利用照片、视频、情景再现等多种方式，呈现角色游戏中幼儿热情待人、遵守规则、礼貌做客、文明观看演出等情境，通过讨论，强化幼儿的礼仪认知，从而做到"爱礼仪"。

我们通过照片欣赏的方式，让孩子回顾游戏中礼仪言行的画面："小舞台"游戏中，"演员们"能有序表演节目，"观众们"能自觉买票入场；在观看节目的时候，"观众"能做到不吃零食、保持安静；"小演员"演出结束能向"观众"深深地鞠躬，"观众"则为"小演员"献上鲜花，表示礼貌祝贺等。以孩子为主体的画面欣赏，让孩子感到快乐、成功的同时，既加深了幼儿礼仪认知，也激发了孩子爱礼仪的情感。我们用情境再现的方式，让孩子重新演绎"东方航空"游戏中"空姐"们的礼貌言行，孩子们能关心"飞机"上的特殊乘客，做到微笑服务，还能满足老人、孩子的特殊要求，为"宝宝"冲奶粉，给"老人"送药物等。幼儿在观看到这些礼貌行为时，都表示要向他们学习，做一个"爱礼仪"的小公民。因此，教师要在游戏中善于捕捉有意义与价值的

画面、信息与幼儿分享，才能让游戏分享助推幼儿礼仪言行的知行统一。

我们通过行动研究发现，角色游戏中渗透礼仪教育，除了以上三大策略之外，教师还要因人而异进行指导。如在游戏中性格内向不善交往的幼儿，可以通过同伴互助的方式，激发其大胆参与游戏，勇敢大胆地与同伴交流，真正融入到游戏中去；对游戏中缺乏规则意识的幼儿，可引导他选择礼貌服务的角色，让其在游戏中懂得守规则、有礼貌、与人为善……另外，关键是要让幼儿不断积累礼貌交往、文明生活的经验，在宽松自由的游戏中充分与同伴交往，让幼儿在角色体验中练习再现经验，从而促进幼儿礼仪知行统一。

绘本阅读促进幼儿礼仪的养成

凌 静

绘本就是以图文并茂的形式，反映儿童生活为主的儿童图书。书中的图与文有同等的重要性，有时候甚至图画的重要性比文字还要高。绘本的主要特色就是提供读者在视觉方面真实的或是美感的经验。而绘本的内容常只有简单的故事大纲，有时候也会集中呈现某种简单的意义和结构。教师可以透过许多技巧的运用，通过对绘本的形象解读，让幼儿主动地参与听故事和说故事，理解故事的意义所在。

幼儿园是幼儿接受基础教育的主要场所，对幼儿进行礼仪教育，使他们逐步形成正确的道德意识和良好的道德行为。礼仪教育不是简单的说教，因为这并不符合幼儿的年龄特点，不容易被幼儿接受。因此，我们一直尝试寻找一个载体，能让幼儿从中潜移默化地接受礼仪教育，养成礼仪习惯。结合幼儿园课题研究，我对如何在绘本教学中渗透幼儿礼仪教育，促进幼儿良好礼仪的养成进行了思考，旨在将礼仪教育融会在绘本中，充分挖掘绘本中蕴涵的礼仪教育元素，以画面生动、礼仪内容明确的绘本为载体，从幼儿的阅读习惯和实际的生活场景出发，让幼儿在唱儿歌、讲故事等寓教于乐的形式中，学习礼仪知识，养成良好的礼仪习惯。

一、根据年龄特点选择合适的礼仪绘本

《3—6 岁儿童学习与发展指南》中明确指出："在幼儿的活动过程中表现积极态度和良好的行为倾向是终生学习与发展所必需的宝贵品质。促使幼儿逐渐养成乐观积极、认真专注、不怕困难、乐于创造等良好品质。"3—6 岁幼儿在与同伴接触、交往中，儿童的社会性得到发展，涉及的社会性品质逐步体

现，如合作、分享、友爱、规则意识、团结谦让。另外礼仪品行也是重点引导的内容，如见人有礼貌、举止文明、尊老爱幼等。富含礼仪教育内容的绘本很好地将原本枯燥无味的礼仪教条赋予了生命，有鲜活可爱的主人公，有具体的情境。通过对各种礼仪主题绘本的有效阅读，以情感来激活幼儿们的爱心、善心、诚心、耐心、热心、责任心以及感恩的心等，引发幼儿对尊重、敬意、友好、关心等方面问题的发现、思考与争辩，最终在体验与分享行为所带来的快乐过程中真正理解礼仪。

众所周知，每个年龄段的幼儿都有各自的特点，幼儿年龄发展从以自我为中心慢慢转向以他人为中心，根据《3—6岁儿童学习与发展指南》结合我园课题《开展"知行统一"的幼儿礼仪教育行动研究》，围绕个人生活礼仪、公共生活礼仪、交往过程礼仪三个维度并按照各年龄段的年龄特点对绘本进行选择。

《3—6岁儿童学习与发展指南》中对3—4岁幼儿初步阅读理解能力的要求是：儿童会看图画，能根据画面说出图中有什么、发生了什么事等，爱护图书，不随便撕书、乱扔。因此对于3—4岁的小班幼儿，我们选择的绘本内容浅显易懂，故事贴近幼儿情感发展。如在"个人礼仪"板块下选择了绘本《肥皂泡泡》，整个故事情节的线索简单、重复，非常适合小班幼儿阅读。在小猪洗澡的过程中，幼儿欣然发现：原来洗澡也有如此多的乐趣。不禁萌发了洗澡的愿望。通过对绘本的阅读，幼儿跟随故事中的主人公小猪和同伴一起洗澡的过程，使他们体验了洗澡的快乐，对个人生活礼仪有了初浅的认知。4—5岁的儿童要求是：能大体说出故事主要内容，愿意用符号表达自己的愿望和想法，能根据故事情节发展揣测故事人物心理。在"公共生活礼仪"板块下选择绘本《我也要搭车》。这是一本将社会规则蕴含在故事情节中的图画书，整本书的画面色彩鲜艳，给予幼儿一种真实的感受。图画中蕴藏了不少细节，如图画上狮子爷爷的表情有着巨大的变化，教师可以引导幼儿观察狮子爷爷的表情，猜测发生了什么事情；当车撞上大树以后，每个角色的神情各异，他们会想什么呢？教师可引导幼儿猜测不同动物的心理活动等。阅读这个故事，幼儿能懂得乘坐交通工具时应遵守的基本规则和自我保护的方法。5—6岁的儿童应该具备理解故事、独立讲述故事以及创编故事的能力。在"交往礼仪"板块中，《艾玛过化妆节》的故事以各种形态的树木花草为背景，采用明亮柔和的色调，勾勒出一幅艾玛和朋友们自然、温馨、和谐生活的画面。整本图画书中，有许多看似相同的大象在同一场景中出现，作者用拟人化的手法将每只大象的动态神情描绘得各不相同，充满童趣，引人遐想。故事中出现了许多角色的对白，你一言我一句，很像幼儿在生活中自由、随意的对话场景，也让听故事的人有一种身临其境的感觉。"你觉得谁才是真正的艾玛呢？""如果还不明白也没关系，有空的时候，咱们再来仔细地看看这本《艾玛过化妆节》，你一定能找到其中的答案！"类似于这样留白式的提问能激发幼儿的想象力。

我们结合幼儿年龄特点寻找礼仪绘本并进行分类整理、编写教案、汇编目录，以便于教师在今后的礼仪绘本教学中可以直接使用。

二、开展研讨活动助推礼仪绘本教学

教研相长的宗旨即在教学中研究，在研究中教学。为促进教师对绘本教学的研究，我们开展了课题研讨、教学观摩、组织教学设计、撰写教学案例等多形式的研讨活动。

凌老师的绘本活动《彩虹色的花》，引导幼儿通过猜想、表达、想象和扮演故事中的角色，享受阅读绘本的情趣，感受故事的趣味性。活动始终深深吸引着幼儿的注意力，情感体验也在不断递进，在迁移体验中懂得了关爱与分享是多么可贵的品质，由此增强了爱与感恩的情感意识。

梅老师的绘本活动《我的好朋友》，让幼儿体会到朋友情谊的可贵，幼儿不断在发现、思考、表达中感受到了故事情节本身带来的乐趣，还从中感受到规则的力量和坚持的可贵，更加体会到了现实生活中友情的可贵和温暖。

刘老师选择绘本《收起来》，特别适合小班幼儿阅读，让幼儿们了解玩好玩具要送回家。如今的幼儿自理能力、交往能力都很弱，归根结底是因为大人们将他们参与实践的机会都给剥夺了，没有体验和实践哪来真正的理解？而此绘本用简单生动的语言和画面，赋予玩具生命，是一个很好的小班教材。教学活动之后，每位老师都各自撰写案例，通过对活动及时反思，在交流与分享的过程中共同提高。

三、家园携手推进幼儿礼仪绘本阅读

亲子阅读的方式不但能促进亲子关系，而且有助于幼儿逻辑性语言的发展。丰富的绘本给幼儿不同的视觉享受，提升幼儿的观察力和逻辑思维能力。家长和幼儿共同阅读绘本，鼓励幼儿摆脱绘本，尝试把绘本中的故事讲出来，这样的阅读形式有效激发幼儿形象思维的发展。

我园在幼儿园一角创设了礼仪小书吧，并投放了各类有关礼仪的绘本。家长可以在来园、离园期间静下心来和自己的孩子共读一本好书，如果赶时间也可以借书回家和幼儿共同阅读。在我们创设的亲子阅读环境中，幼儿感受到了亲子阅读带来的快乐，体验礼仪绘本中的人物情感以及良好的礼仪品质。同时各班也会利用宣传栏定期向家长推荐一些经典的绘本书目，鼓励大家积极参与阅读。

为增强家长运用亲子阅读促进幼儿礼仪养成的意识，提升家长亲子阅读指导水平，我园组织家长开展了"关注幼儿阅读习惯培养"专题讲座。通过专家现场讲解，指导家长如何进行亲子互动，培养幼儿的阅读习惯与能力。为激发幼儿阅读绘本的兴趣，提升阅读水平，养成阅读的良好习惯，我们以"教师研读、幼儿互读、亲子共读"为指导思想，开展在绘本中学习、阅读中发展的"读书月"活动，极大地调动家长与幼儿亲子阅读的兴趣和积极性，为进一步促进家园合作拓宽了思路。

亲子阅读除了"读"的形式，还可以有表演、图画、手工等多种形式，重要的是大人与幼儿一起享受这个过程，在这个过程中更好地渗透情感教育。在亲子礼仪情景剧场中，家长和幼儿将看到的礼仪绘本通过情景剧的形式进行演绎，为幼儿良好礼仪品质的养成提供了展示的平台。我们还组织家长开展"亲子礼仪图书"的制作，让家长和幼儿在不同的形式下参与到课题活动中来，充分感受亲子阅读的乐趣。

　　总之，幼儿礼仪绘本教育能推进幼儿礼仪的养成，通过引导幼儿接触优秀的儿童文学作品，使之感受语言的丰富和优美，理解作品里各种人物的个性和情感特征，这对幼儿的终身学习和发展都有着非常重要的意义。

浅谈幼儿园礼仪环境创设的几点做法

🍃 陈 艳

幼儿期是儿童礼仪、品格形成的最佳时期。陈鹤琴先生这样说过："孩子就像陶艺，在泥的状态下，你把它塑造成完美的，它就是完美的，你扭曲它，它就是扭曲的，等到烧制成了，再也无法改变。"所以，在幼儿期培养幼儿的礼仪教育是我们每一个幼教工作者义不容辞的职责。在幼儿园教育活动中，环境作为一门"隐性课程"，通过色彩、形象、布局乃至情感的交融与互动，随时影响幼儿的发展，对幼儿礼仪习惯的养成有着积极的支持作用。所以，我们从幼儿园的环境创设入手，培养幼儿良好的礼仪行为。随着《"知行统一"的幼儿礼仪教育行动研究》课题开展，我们环境项目组分别从物质环境、精神环境两个维度积极营造推动幼儿发展的富有礼仪启蒙特色的幼儿园大环境、班级小环境，让幼儿在充满关爱、理解、快乐体验以及规则暗示等文明有序行为的幼儿园环境中获得滋养。

一、统筹规划，营造礼仪特色的园所大环境

幼儿园的大环境是一项重要的教育资源，能够对幼儿礼仪言行的形成起到潜移默化的作用。因此我们积极营造富有礼仪特色的幼儿园大环境。

在一到三楼廊道内，我们创设了礼仪文化墙，采用幼儿的照片，以图文并茂的形式进行设计，分别从个人礼仪、交往礼仪和公共礼仪三方面进行布置。孩子们从"个人礼仪墙"中知道了爱清洁、重仪态和巧打扮等个人礼仪要求。在"交往礼仪墙"中，获知与人交往要懂得关爱、分享、合作和有礼貌。"公共礼仪墙"告诉孩子要遵守出行礼仪、学习礼仪和"七不"规范。幼儿经常会在礼仪文化墙那里驻足观看，有趣的互动游戏深深吸引着幼儿，文明稚嫩的童

声时时萦绕在福幼。孩子们在看看、说说、玩玩中，知道从小要做一个爱清洁、有礼貌、讲规则的好孩子。

我们的"礼仪书吧"也颇具特色，里面有孩子们喜欢的图书。干净整齐的沙发、排列整齐的图书显示着浓浓的书卷气息，墙上还贴着如何礼貌翻阅图书的小提示，"爱护图书轻轻翻""安静阅读不吵闹""看完图书放原处"等惟妙惟肖的图示让孩子们明白翻阅规则。二楼的棋吧是孩子们最喜欢的地方，里面有各种棋类，还有自制的礼仪棋，让孩子们在下棋过程中，知晓生活中的礼仪，习得礼仪之道。"新天地"创设了古色古香的老上海形象，"锦衣多""建设银行""知音琴行"……仿佛走进了上海老弄堂，孩子们可以在里面了解各民族的服饰，研究古币和生活中的各种乐器。走入廊道，整齐的蓝印花布为基调，樱花点缀，一缕缕茶香飘扬，那是孩子们正在泡茶呢。孩子们在自己泡茶的过程中，知道了我们中国博大精深的茶文化，习得了茶之道。

二、精心打造，共创礼仪氛围的班级小环境

在班级环境创设中，环境的管理和更新是一项不容忽视的重要工作。它包含了各个班级在整个礼仪教学及主题活动过程中的痕迹，是教师、幼儿、家长共同学习和成长的见证。随着礼仪启蒙不断深入，班级环境也会随着更新和丰富，教师需要及时抓住环境这个"隐性课程"资源，为幼儿提供充分表现、观察和学习的机会与空间。在小班，老师会贴心制作各种图示与礼仪儿歌："手拿小水杯，大家来喝水。喝多少，倒多少，全部喝完不浪费……"图文并茂、通俗易懂。在中班，老师精心创设"来园五部曲""进餐""敲门"……在大班，一起制订"班级公约"，同时我们还用贴近孩子的语言设计了许多文明礼仪标语，如"阳光宝贝，健康成长""帮助你，鼓励我，夸奖他"……这些生动的语言、形象的图画在孩子们的身边起到暗示作用，提醒大家做一个讲文明、懂礼貌的好孩子。

除营造富有礼仪特征的物质环境外，温馨、友爱、有序的班级精神环境也

不容小觑。轻松、愉快的精神环境对幼儿情绪、社会性、个性品质的形成具有重要作用。平等、和谐的师生关系是幼儿文明习惯养成的沃土。在幼儿一日生活各环节中，我们及时对幼儿文明礼仪言行给予积极的肯定与鼓励，发现某些不当行为及时进行教育。俗话说："勿以恶小而为之，勿以善小而不为。"从小事入手，从幼儿做起。同时，我们设立礼貌言行评比栏，随时对幼儿的每一点进步给予鼓励和赞扬，发挥评价的激励作用，进一步调动幼儿讲礼貌、行礼仪的积极性和主动性。运用丰富多样的赏识方法给予肯定和鼓励，称赞一声"你真棒"、亲切的抚摸或灿烂的微笑、无声地伸出大拇指……幼儿在不断的赏识中，巩固着良好的行为习惯，从而激起幼儿对文明礼仪行为的向往。

幼儿与幼儿之间的伙伴关系是影响其心理发展的一个重要的社会性因素。礼仪的核心是"爱"，幼儿"爱"的情感需要在长期实践体验中逐渐培养。幼儿最初的礼仪表现有可能只是出于纯粹的行为模仿，当他的这种行为得到他人的肯定时，幼儿会感到高兴。因此，在教育中，我们经常为幼儿提供一些好的榜样，明确提出是非的评价标准。通过讲故事、表演、帮助有困难的小朋友、献爱心捐款等活动，通过亲身的情感体验，逐步学会关心、同情、尊重他人，使他们的礼仪行为，成为内在美好情感的自然流露。

三、实践练习，搭建"玩中学"的礼仪活动环境

"知行统一"的幼儿礼仪教育作为养成教育，需要在幼儿操作和实践中巩固养成。只有经过实际行为训练，让孩子在自主探索、自由讨论、自己创造、相互交流等直接体验性学习中感悟体验、实践操作，在行为练习中通过自我发现来建构自己的知识体系，才能让礼仪认知深入其内心。因此，需要教师积极创造"玩中学"的礼仪活动环境，让孩子在实践练习中知礼仪、行礼仪。

专用活动室是幼儿习礼仪的好场所。我园活动室也颇为丰富，图书室——让幼儿在文明礼仪绘本故事中受益；创意室——孩子们在创意活动中获得自信；表演室——孩子们在表演中学习合作与协商；美食城——孩子们在游

戏中练习礼貌交往等。每个活动室中都布置有关礼貌言行的画面，尽量使乏味的礼貌用语具体化、情境化。在幼儿园内，无论是地面弄堂小游戏区域还是城隍铺子、新天地、美食城、礼仪书吧、专用室等幼儿游戏场所，都有图文并茂的礼仪图标，起到规则暗示的作用，环境中处处显现礼仪教育的痕迹。

我们搭建丰富多彩的礼仪活动平台，鼓励孩子在生活中行礼仪。如开展"礼仪牵手""礼仪倡议书""礼仪福娃晨间接待"等，让幼儿在实践中体会礼仪行为的意义，内化礼仪品质，学会做人，学会生活。我们将幼儿礼仪教育渗透在幼儿园一日各类活动中，或布置适当的任务让幼儿去做，或创设一定的情境让幼儿在游戏、表演等行为练习中体会乐趣，加深印象，学会礼仪。如"每月一演"中的礼仪教育，幼儿礼仪情景剧专场、幼儿礼仪诵读专场等活动让孩子们在情境创设、扮演角色、表现表达、表演观看中知礼仪、行礼仪。如《文明车厢》《请你安静听我说》《三只蝴蝶》等礼仪情景剧表演，寓礼仪教育于表演游戏中。福星俱乐部活动——通过欢乐蹦蹦跳、礼仪星宝宝等活动，既为孩子提供了表现表达的舞台，又使我们的孩子接受了礼仪教育，并在观看表演与自行表演中身体力行。我们认为，在幼儿良好礼仪行为"知"到"行"的转化过程中，需要教师积极创造让孩子实践练习的机会，在日常行为练习中达到"知行统一"。

我们抓住节日活动开展礼仪教育。一年一度的重阳节来临时，组织幼儿去社区敬老院慰问、表演，和爷爷奶奶一起过节；三八妇女节开展妈妈美食秀、为妈妈做贺卡等活动；植树节组织孩子认领小树苗，开展爱绿护绿活动……孩子们从系列节日活动中懂得感恩、学会关爱，在爱的情感休验、互动中强化礼仪行为……

"播下行为的种子，你将会收获习惯；播下习惯的种子，你将会收获性格；播下性格的种子，你将会收获一生的命运。"幼儿园礼仪环境营造对幼儿礼仪习惯养成具有润物无声的作用。我们认为，在当前课程凸显整合、师生共建与个别化要求的前提下，创设富有礼仪特色的课程化环境需要关注几个方面：环境创设的主体将由单一的教师走向师生与家长的共同参与；环境创设的空间将由封闭走向开放；环境内容与礼仪课程内容相匹配；和睦的人际关系、友爱的同伴行为、亲和的教师态度等和谐的人际氛围是幼儿礼仪素养养成的沃土，是幼儿礼仪"知行统一"的温床……因此，在"知行统一"的幼儿礼仪教育过程中，我们应充分创设、挖掘并利用富有礼仪特色的课程化环境让幼儿与之互动，家园联手用成人的礼仪文化自觉积极营造礼仪教育大环境，才能让环境发挥"随风潜入夜，润物细无声"的作用。

运用成长档案袋，促幼儿礼仪"知行统一"的实践与思考

王霄文

幼年，是人生的第一级阶梯，儿时养成的礼仪，会影响一生的品格和风范，更是赢得未来的最初基石。在倡导传承与弘扬中华优秀传统文化的今天，"知行统一"的幼儿礼仪教育成为幼儿园教育的重要内容之一。随着《幼儿园礼仪素养课程建构的实践与研究》课题的开展，幼儿礼仪素养课程评价无疑作为礼仪素养课程实施的重要环节贯穿于课程发展的全过程。"幼儿园课程评价的过程是对课程建设进行正确导向，促进幼儿园课程园本化过程，是教师运用专业知识对教育实践分析、调整的过程，也是促进幼儿富有个性成长的过程。"为此，我们积极探索幼儿礼仪素养课程实践中的课程评价策略，采用观察法、谈话法、调查问卷法、档案袋评价方式，开展多样评价，力求通过多元评价助推幼儿礼仪素养的养成，助推幼儿礼仪素养课程的有效建构。其中幼儿成长档案袋评价，是一种"绿色的课程评价"，是一种能够关注幼儿发展过程的评价，是能够体现幼儿差异性的评价，也是体现评价主体多元化的评价。

所谓档案袋评价是一种综合性的评价方法，它包括对幼儿在较长时间内的发展进行观察与记录，收集并分析幼儿的作品，经过整理后进行评价，以反映幼儿在一段时间内的学习过程和成长轨迹。

一、幼儿档案袋评价的特点

评价主体多元性。开展评价的主体不单纯是教师，幼儿、家长都可以是评价的参与者。

评价目的性、计划性明确。教师对不同年龄段幼儿发展目标，有计划、有目

的地收集各类信息，如来园、离园活动，生活活动，游戏活动，学习活动……教师用文字、照片、录像等多种手段，观察和记录幼儿在园生活不同环节的表现信息。把评价贯穿于教学始终，通过评价改进教学，通过教学促进评价。

评价更具过程性。评价采用日常观察、情景观察、档案记录、作品分析等多种方法进行。评价既注重过程又注重结果，是一种充满动态与开放性的评价。比如对小班幼儿生活习惯的评价包括幼儿的想法、表现、情感、同伴的评价、老师的评语等，都可以作为档案袋的内容材料。

二、幼儿档案袋的创建方法

（一）分析对象，确定阶段发展目标

档案袋评价是一种过程评价方式，而不是教师零星记录的再现。作为评价媒介的档案袋里面应该装些什么？首先，档案袋必须有分析对象的基本信息，如名字、年龄、性别、家庭背景、所要观察的重点表现等。

【例】泽泽成长档案（记录者：王霄文）

个案基本情况分析（幼儿相关信息、家庭信息、问题行为现状描述等）

姓名：泽泽

年龄：4岁

性别：男

泽泽在小二班是一个非常活跃的小男孩，做任何事情都非常主动。但是因为孩子有习惯性脱白的毛病，所以家长非常宠爱。泽泽妈妈是全职太太，孩子的教育主要由妈妈负责。妈妈认为男孩子应该有男子汉的气概，有时发发脾气是可以的。因此孩子在幼儿园乱发脾气、抢小朋友的玩具、见到老师不理不睬的现象经常发生。妈妈的宠爱，也导致了孩子在饮食方面挑食现象较为严重，虽较上学期有所改善，但是能够自觉吃光饭菜的情况还是较少。

培养目标：

1.引导幼儿来园、离园主动与教师打招呼。

2. 在游戏中克制自己的情绪，不发生攻击性行为。

3. 挖掘闪光点，逐步改变幼儿挑食行为。

（二）观察记录、收集各类相关信息

观察的方法根据不同情境可以分为自然观察法、参与观察法、结构式观察法……当然有了观察，自然就需要把观察到的内容记录下来，如表格式、文字式、图文并用……本文中的观察记录主要是用描述性的语言记录幼儿在自然的情境中所产生的与目标达成有关的行为表现，并由观察者进行分析解读的一种方法。

幼儿档案袋创建过程最重要的就是真实、客观地观察记录，捕捉最有价值的线索和内容进行记录。如，幼儿在一日生活不同的活动环节是否会有和我们礼仪课程目标相关的行为表现，老师们可以通过简洁的笔记、照片或者录像、录音等不同方式及时记录幼儿在园各个环节的表现，或者家长记录幼儿在家表现等，然后再把这些片段剪辑整理，通过文字描述和图片相结合的形式表现出来。这就为幼儿礼仪发展提供最为可靠、更具说服力的信息。教师通过分析这些信息，诊断幼儿的发展现状并调整教育计划，提高教育实效。

1. 教育故事——讲述孩子发展中的故事

教育故事是教师根据课题方案，围绕个人礼仪、公共生活礼仪、交往礼仪三方面对幼儿就某一行为或是片段进行重点观察、记录、分析、评价的过程。

【例】 东西不见了

季 敏

前一段时间，我一踏进教室就有幼儿向我告状，说东西不见了。一次偶然的机会，我在帮幼儿整理书包的时候，发现万万的书包里有许多东西。仔细一看，正是很多小朋友先前丢失的东西。我真不敢相信自己的眼睛。

在我的眼里，万万是个懂事又内向的孩子。这件事发生在万万的身上，我觉得很惊讶。拿别人的东西属于一种偏差行为，如果不教育，很可能影响到幼儿日后发展。该如何处理这件事呢？

为了更客观地分析万万的行为，我首先对他进行了一段时间的跟踪观察。观察发现，万万"拿"的东西主要有两类：一类是小朋友带到幼儿园的玩具；

另一类是幼儿园里的玩具。这些东西有一个共同特点——很小，比如玩具上的小零件等，这些东西都可以捏在手心里或放在口袋里。玩具基本上是新的或是比较特别的，万万没有玩够或者没有机会玩的。万万拿东西的时间通常是在自由活动以及活动与活动转换的时候，因为这些时候幼儿都分散在教室、餐厅、盥洗室等各个地方，教师的注意力相对也比较分散。

万万拿了不属于自己的东西，同伴时常告状。首先，万万的行为违反了幼儿之间正常交往的规则；其次，三四岁的幼儿常常分不清想象和现实，对于他人和自我的区别也不是非常明确。万万对那些小东西很感兴趣，所以就拿走了。综合起来，导致万万这些不良行为的原因可能有：万万对集体交往时的规则不太明确；自制力较弱。

由于这一行为与幼儿的年龄特点有着密切的关系，因此，在应对策略上，我坚持尊重和保护幼儿的原则，以促进幼儿的成长与发展为目的。在操作上，注重从细节出发，不过分关注万万，尽可能以集体的形式解决个体的问题。

首先，制定分享玩具的集体规则。我和全班幼儿一起商量什么时候是玩自己玩具的时间，大家一致认为每天早餐以后是游戏的最好时间。我们就把这个时间作为玩具固定的分享时间。那在哪里玩比较好呢？孩子们认为就在活动室的中间区域比较合适。于是，分享玩具有了固定的区域。接着，我又腾出一个玩具柜，专门供幼儿摆放自己的玩具。这样，幼儿所有的东西都有了自己的"家"。我还和幼儿约定，既然玩具带到了幼儿园里，就要愿意与每个人分享，但同时提醒幼儿玩之前要征得玩具主人的同意。

其次，开展整理书包的集体游戏。为了保护万万的自尊心，尽可能地把不良反应减到最低，每个星期五，我都要幼儿玩"玩具回家了"的游戏，用游戏代替调查帮小朋友找到丢失的东西。幼儿回家前都要整理书包。我用一个废纸箱，让幼儿在整理书包的时候把那些不属于自己的东西拿出来放进箱子里。等幼儿整理完书包大家再一起整理纸箱，是幼儿园里的东西就送回"家"，是小朋友的东西就还给主人，没有用的废弃物则扔进垃圾桶。

最后，给予万万相应的支持。看到万万在玩别人的玩具时，我会对他说："你玩一会儿小朋友的玩具，马上就还给他了，对吗？"在我的提示下，万万会把玩好的东西还给别人。看到万万在整理玩具的时候，我会马上表扬他、鼓励他："谢谢你帮助老师把玩具送回家，你做得真好！大家都能玩了！"正面的肯定和表扬强化了万万的正确行为。

2. 表格式记录——记录孩子的成长片段

【例】 "傲娇"的泽泽

儿童个案观察记录表

幼儿姓名	泽泽	观察重点	来园、离园礼貌招呼
观察日期	3月3日	开始时间	8:00
		结束时间	8:15
观察人	王霄文	观察地点	幼儿园
观察环境（背景描述）（被观察儿童正在做什么或参加什么活动）	新学期开始已经有一段时间了，但是泽泽来园、离园时还是会根据自己的心情和老师交流。早上泽泽又来到了小二班活动室门口，昂首挺胸，目不斜视走向活动室。		
观察实录（文字＋图表＋儿童的作品／语言）	泽泽插好牌子，没有看站在门口迎接他的我，直接要走进活动室。妈妈见状立即和我打招呼，并示意泽泽今天不开心，可能不会和我打招呼了。 　　我马上拉住泽泽的手，先对他带来的玩具进行了赞美："你今天带的是一辆保时捷跑车吧，很酷！""那当然了，是我妈妈新给我买的！""你的保时捷最快可以开到多少迈呢？""肯定比我家的车车跑得快，因为它是赛车呀！""我们聊了这么久，你今天和我打招呼了吗？""哎呀，我刚刚忘记了，王老师早上好，和我一起玩吧！""那你明天会不会忘记呢？""不会的，明天我会和陈老师有礼貌地招呼的！"（小家伙连我们早晚班的时间都记住了！）我又说："那你会不会因为心情不好，就假装没有看到老师，不和我们打招呼呢？你觉得怎样才是有礼貌的孩子呢？"泽泽想了想："我觉得看到老师要叫'老师好'的宝宝是有礼貌的孩子，不和老师打招呼的宝宝是没有礼貌的，我明天会和老师打招呼的！"		
结论（评价）分析	从这个小小的案例中，我们可以看出泽泽家长对孩子的行为不以为意，认为只是小事一桩。俗话说：不以善小而不为，不以恶小而为之。虽然来园、离园对于孩子、老师、家长来说都是一件非常小的事情，但是日积月累就容易养成孩子对于礼貌招呼的淡漠。打招呼是小事，但它是孩子礼仪素养养成最基本的内容之一。就如同地基打不好，那大厦倾覆将会是非常容易的事情。		
措　　施	1. 与泽泽的家长进行了沟通，希望得到家长配合。 2. 离园前督促幼儿和教师进行有礼貌地招呼。 3. 讲讲礼貌小故事，加深幼儿礼貌招呼的印象。		

以上是我们截取不同形式个案跟踪记录的片段。我们以表格式、教育故事形式阶段性记录孩子的活动场景，这些内容不是随意记录，而是呈现了阶段发展目标期望下的幼儿发展过程，期间有孩子行为表现的过程描述，有对孩子行为的结论分析，有相应的措施，同时还有与孩子家长的积极互动等，全方位对幼儿的表现进行过程评价，促进幼儿逐渐养成礼仪行为习惯。因此，教师通过一个阶段的观察分析反思，在多次过滤中对幼儿发展进行过程评价。评价的重点是对幼儿礼仪发展行为进行纵向比较，关注幼儿现在发展情况和幼儿原有发展水平上的进步与成长，关注幼儿发展中的过程与体验。

（三）整理分析、评价反馈

在运用档案袋评价时，应避免将之变为单一的终结性评价，而应着重体现评价的过程性。在礼仪档案袋的建立过程中要着重呈现幼儿的发展过程。多方面收集能够反映幼儿礼仪行为习惯养成的过程材料，这些材料不仅包括幼儿的优秀作品，而且包括真实反映幼儿渐进的学习与发展诸多内容，做到评价效益的最大化与最优化。

1. 分主题收集整理促评价

我们对幼儿不同学习主题开展中的礼仪行为表现进行观察、记录、整理分析和评价。随着主题开展，挖掘主题活动中的礼仪教育内容，并观察幼儿礼仪知行的表现，寻找幼儿在解决问题的过程中学习风格差异，主题结束阶段幼儿在这个主题里获得了哪些发展等。如在小班主题《白天和黑夜》中"两条彩虹"活动就蕴藏着礼仪结合点：愿意帮助他人，感受关爱的重要。孩子们通过听故事、画彩虹，知道帮助他人是一件非常快乐的事情。老师就可以将表达孩子助人心意的画或者增加相关文字信息后收入幼儿成长档案之中，记录孩子当时的情感表现。

2. 分领域整理促评价

幼儿礼仪教育可以渗透在语言、社会等不同的发展领域中，所以我们应该注意收集不同领域中相关的信息。以社会领域为例，幼儿在重阳节去敬老院看望爷爷奶奶，给他们表演精彩节目；幼儿参加升旗仪式……可以整合不同领域的礼仪表现，关注并收集幼儿在不同领域中的发展痕迹。

三、对于档案袋评价的思考

（一）信息的全面性是客观评价的前提

档案袋评价应聚焦幼儿发展的过程，关注幼儿成长的一切变化。它不是一时心血来潮的作秀，而是一种有计划、长期连续使用的评价手段，是一个阶段信息的整理与分析、评价与反馈。

（二）家长的参与使评价更加完整

档案袋评价是一种动态的全方位的过程评价，需要得到家长的支持，让家长共同参与。在开展评价前，首先让家长了解档案袋评价的意义，家长可以提供幼儿的个人信息资料，包括幼儿在家的行为表现、幼儿的发展优势、不足……通过这些资料，分析幼儿礼仪行为的特质并制定相关的教育计划。

通过课题研究的不断深入，我们发现家园配合对于幼儿的礼仪行为习惯的培养是非常重要的。家庭是幼儿主要的生活环境，父母是孩子接触最多的人，所谓言传身教，孩子就是家长一面镜子，家长知礼、懂礼，那么孩子也是一个懂礼貌讲礼仪的孩子，反之亦然。

（三）反思是档案袋评价的关键

反思是档案袋评价的关键，是建立在教师对幼儿细致全面观察基础上的分析反思。在设计档案袋前的反思，是对幼儿礼仪行为现状的思考，是为了发现存在的问题；在实施过程中的反思，是对评价方案制定与实施的反思，通过反思使我们的思路更加清晰，从而发现评价过程中的问题，不断改进我们的方案；结束时的反思，是对结果的反思，是为了总结行动成效，反思研究中的不足及原因，发现需要进一步研究和探讨的问题。教师的反思体现了教师的教育观与评价观。在整个课题开展过程中，我们最大的收获就是评价观念和行为的转变。在评价初期，老师们经常会记一些流水账的内容，对于什么才是真正有意义的细节和评价信息，并不清楚。但是通过多次观察、反思，我们开始渐渐走近孩子、贴近孩子，慢慢进入到他们的世界，学会欣赏、倾听孩子。通过档案袋评价将课程目标与孩子的发展建立紧密联系，将评价的甄别功能转化为激发幼儿兴趣、满足幼儿需要、注重个别差异、实施因人施教的动力，引导幼儿礼仪行为习惯健康发展，取得了良好实效。

小班幼儿礼仪教育的实践与探索

邱立新

　　在幼儿园中加强礼仪教育，不仅是塑造幼儿健全人格、培养幼儿良好行为习惯、奠基人生最佳开端的工作，更是提高全民族素质的需要。让幼儿从小做起，在实施礼仪教育、逐步建构礼仪的过程中，赋予幼儿礼仪教育新的生命力与鲜活的载体，有助于幼儿了解礼仪知识，促进幼儿良好礼仪行为的养成。针对小班幼儿的年龄特点，我们尝试做了一些探索和实践。

一、创设礼仪教育环境，有助于幼儿礼仪常识的习得

　　良好的环境对幼儿的成长教育有着不容忽视的作用，其间也蕴含着对幼儿礼仪行为的教育和引导。

　　生活中到处都有礼仪，这不但要求老师在活动中勤于观察、发现问题，更要求老师能有的放矢地寻找适合孩子、为孩子所能接受的方式和方法帮助孩子了解各种礼仪知识。

　　生活中，为了避免孩子上厕所拥挤现象的发生，于是，我们自制了红脚丫和黄脚丫的地面标识，并帮助孩子了解红脚丫和黄脚丫的意思：亲亲红脚丫——走进去；亲亲黄脚丫——走出来。通过"脚印"来暗示孩子有序地进出厕所。

　　餐室的墙面上贴着各种笑容可掬的水果娃娃、蔬菜宝宝，用他们的动作告诉孩子："每天吃水果，每天吃蔬菜，我们会长得高又壮。""一勺饭、一勺菜，吃得快又香。"以浅显易懂的图示帮助孩子养成喜欢吃水果和蔬菜的习惯以及进餐的礼仪。

　　幼儿园的墙面上布置了各个国家的问候礼仪，有吻鼻礼、鞠躬礼、握手

礼、拥抱礼、碰头礼、合掌礼等。我们还布置了文明做客的礼仪、文明乘车的礼仪、文明穿马路的礼仪等。通过环境的教育作用，引导幼儿懂得各个国家的问候礼以及如何做一个文明小公民。

洗手池旁，一张张洗手步骤图提示着孩子如何正确地洗手。对照着这些洗手步骤图，孩子的洗手方法得到了规范，也懂得了饭前便后要洗手、洗手后用毛巾擦干净等礼仪行为。创设适宜的礼仪环境，正确引导，帮助幼儿养成一定的礼仪行为。

二、寻找礼仪教育契机，让幼儿更深入地了解礼仪知识

我们老师还精心设计一些礼仪方面的教学活动，旨在通过一些丰富多彩的活动帮助幼儿了解各种礼仪知识。如教学活动《好吃的美食》，在活动中我们让幼儿通过观看PPT先了解各国的美食，有中国的菜肴、韩国的泡菜、意大利的披萨等；再观看PPT了解各国的进餐礼仪，如中国要使用筷子进餐，韩国是长辈入座后才轮到小辈入座，意大利人是左手握叉右手握刀进餐的等。如教学活动《HELLO，你好》，孩子通过看看、玩玩、说说来简单了解握手、拥抱、合十礼、鞠躬、碰鼻礼等的问候动作，尝试用文明的语言互相问候，并知道尊重他国的习俗和文化。

我们认识到，礼仪知识是一种直接指示、体验性的知识。因此，让幼儿主动建构知识，在情境中获得直接体验，避免教条与形而上学的问题，调动幼儿学习的主动性、积极性，对幼儿形成良好的礼仪行为发展大有好处。

三、创编有趣的儿歌和故事，有助于培养幼儿良好的日常行为习惯

幼儿期是语言发展的关键期。小班的孩子尤其喜欢简短、有趣、朗朗上口的儿歌和故事。因此，我们把许多礼仪方面的要求创编成儿歌和故事，让幼儿在说说唱唱的轻松氛围中不断地通过语言的刺激提高孩子学说、想说的愿望，把礼仪内化为自己的行为。

　　如，早上来园时："老师早，老师好，我是有礼貌的好宝宝。"晚上放学时："老师再见，鞠个躬，我是有礼貌的好宝宝。"玩同伴玩具时："请借给我玩玩好吗？"玩好玩具时："玩具玩具送回家，一个一个放整齐！"进餐时："一口饭，一口菜，细嚼慢咽真正好。""自己吃，不用喂，吃干净，不浪费。"进餐后："餐具宝宝要回家，一个一个放整齐。"喝水时："喝多少，倒多少，不做浪费的小宝宝。"使用毛巾时："小毛巾，擦擦嘴，擦擦手，叠整齐，放放平。"同时，我们还创编了有礼貌方面的故事《小猫上幼儿园》，创编了进餐方面的故事《瘦瘦和胖胖》等，有了"说"和"做"的结合，孩子就能具体形象地了解一些礼仪知识和行为。

　　同样，孩子洗手时，我们也把正确的洗手步骤用儿歌的形式指导孩子听一听、学一学、念一念："卷起袖，打开水龙头，淋湿手，摁下洗手液，手心搓一搓，手背搓一搓，手指缝搓一搓，再把小手洗干净，一二三，甩甩干，拿块小毛巾，再把小手擦干净。"

　　针对小班孩子坚持性不够的弱点，我们老师就采取一些有趣的方法来巩固孩子良好习惯的养成。如老师扮演"小猫"或者"小狗"进行指导，"小猫"问："谁的小手洗干净了？""小狗"问："谁是一个有礼貌的好宝宝呀？"孩子们回答："是我，是我，我是一个干净的宝宝；我是一个有礼貌的好宝宝。"在儿歌和故事的提示下、在情境的投入下，孩子自然而然地愿意遵守礼仪规则，有助于幼儿培养良好的礼仪行为。

四、榜样示范，有助于幼儿文明行为的习得

　　小班的孩子对老师充满崇拜，老师的一言一行都直接影响孩子的发展。礼仪也是如此。

　　要求孩子做到的，老师自己首先做到。每次，老师倒水喝时别忘了站在黄脚丫上排队，从行动上给予孩子榜样的作用。和孩子对话时，要做到一心一意，眼神看着孩子，不轻易打断孩子的话。孩子能体会到老师对他们的尊重，在潜移默化中学到倾听的礼仪。

经常使用"谢谢！""不客气！""对不起！""没关系！"等一系列日常生活礼貌用语。当孩子向老师问早问好时，老师一定要热情地给予回答，并摸摸他们的头，抱抱他们，甚至在他们的小脸上亲上一口，孩子会很高兴，会觉得老师多么喜欢他们。每次请孩子帮忙后，也别忘了跟孩子说声"谢谢"。

每次带孩子外出活动碰到其他老师和小朋友时，老师首先一定要先打招呼，并提醒幼儿打招呼，一日复一日，孩子会潜移默化地学习向陌生人打招呼的文明行为。老师用自己的热情和礼貌感染孩子，孩子也会欣然接受并乐意模仿，有助于幼儿文明行为的习得，有助于幼儿礼仪的养成。

引导小班幼儿合理表现情绪的案例研究

季　敏

每个孩子都会有一定的情绪状态，如恐惧、喜悦、悲哀、愤怒等。小班幼儿因为特定的年龄、特定的心理需求会选择特定的行为方式来表现自己的各种情绪，不论这个行为表面上看是对是错，是合理或不合理，它都有特定的意义，都是在帮助幼儿实现自己某一方面的愿望。但是与大人能够理智地控制情绪不同，孩子的自我控制能力较弱，与人交往、沟通的经验尚浅，并且对自己产生的情绪认识不清。我们发现，在没有大人引导的情况下，孩子自发的表现情绪的方式往往是不恰当的，比如，有的孩子稍不顺心就大喊大叫，有的孩子受了委屈只是暗自流泪，有的孩子高兴时就会尖叫、大笑或者奔跑，有的孩子不痛快时就会生气、愤怒、哭闹甚至咬人等。

在现实生活中，许多老师和家长往往不太注重孩子的情绪，总是认为孩子情绪多变是由于年龄小不懂事，长大了自然就成熟了。其实不然，幼儿情绪的表达和成熟也是需要学习和训练的。作为教育者，我们有义务让孩子从小学会如何合理地表现自己的情绪。

一、利用绘本故事，引导幼儿控制愤怒的情绪

现在的家庭以独生子女居多，所以孩子以"自我为中心"这一特点表现得尤为突出。特别是小班孩子，他们认为什么事情都应该以自己为主，自己想要什么都应该得到满足。要是违背了自己的意愿，就耍小性子、不理人、哭闹、摔东西，甚至打人。对于这类孩子，教师应该通过多种途径帮助他们认识不良情绪的表现及危害，要懂得适当控制这些情绪。

【例】分享活动的时间到了，孩子们兴奋地围坐在一起准备和同伴一起分享自己带来的好吃的食物。今天欣欣带来了一根喜羊羊棒棒糖，外表看上去非常可爱，很是诱人。孩子们都被它吸引了。当老师宣布分享活动开始的时候，航航和欣欣同时选中了那根棒棒糖，于是一场风波开始了。

欣欣：这是我带来的。（涨红了脸嚷道）

航航：老师说了好东西要一起分享的。（理直气壮）

航航：要不我把我的海苔卷跟你交换吧。（试图和欣欣进行协商）

欣欣：不要，我不喜欢吃海苔卷！（没有商量的余地）

航航：不行不行，我就要换你的棒棒糖！（一边说一边伸手去抢）

欣欣：不给不给，就是不给。（不甘示弱，和航航两个人对抢）

欣欣：老师，航航把我的棒棒糖抢走了。（欣欣开始向老师告状）

老师：怎么啦？（老师听闻立刻上前询问）

欣欣：这是我的东西，快点还给我。（怒气冲冲，两只小手紧紧地握着拳头，边跺脚边号啕大哭起来，还把航航的海苔卷扔在地上，一脸愤怒的样子）

当时为了先安抚欣欣愤怒的情绪，我介入了两个孩子的纠纷之中，并采用了劝说、商量、请航航道歉等多种方法，最后终于将欣欣的怒气平息了，也解决了当前的风波。可是我明白这样的解决方式只是治标不治本，孩子自身并未意识到这种情绪表现是不好的，如果下次遇到类似的事件，孩子同样不知道如何控制自己的情绪。

第二天，我带来了一个绘本故事《小绵羊生气了》，孩子很喜欢。故事主要讲述了小绵羊莫莫最想吃的苹果被好朋友茉莉吃掉了，莫莫生了很大很大的气，并向茉莉讨回来。莫莫大吼大叫，接着长出了生气的牙齿、犄角、蹄子和尾巴，莫莫让地面也裂开了，还发生了许多可怕的事情。最后我让孩子们一起讨论：你有遇到不开心的事情吗？你会生气吗？生气时，我们应该怎么办？我们一起来想想办法吧。孩子们你一言我一语，有的说好朋友之间要学会分享，不要为一点点小事就生气；有的说生气的时候要好好说话，不能乱发脾气；还有的说生气的时候可以画画，还可以唱歌，这样心情就会变好了……

【评析】小班幼儿的思维具体形象，加上他们的生活经验有限，说教的方法对小班幼儿是很难起作用的。只有以具体、生动的形象提供给幼儿行动的具体方法，才有可能引起幼儿的注意及学习模仿的兴趣。而孩子喜欢听故事，绘本又特别受到小班孩子的青睐，它蕴含了形象、生动的图片内容。孩子通过阅读绘本就能领会其中的精髓，这远比老师说教有效得多。

二、营造温馨、友好的氛围，引导幼儿化解抵触的情绪

孩子的情绪易受环境的影响，特别是小班刚入园的孩子，心理上会存在分离焦虑。对于孩子来讲，与父母在一起是安全的、自信的，尤其是自己在情感上的需要能够得到满足。但是离开亲人后，幼儿会感到不安全，随着亲人的离去，幼儿会突然感到安全感的丧失。处于心理不安全、情绪不稳定状态的幼儿，会感到茫然不知所措，多数幼儿首先会哭闹、抗拒安抚或排斥所有的玩具、玩伴。虽然后来停止了哭泣，但他们会显得不快乐，不主动与人交往，不探索、不玩耍，表情淡漠，心情忧伤。

【例】多多在班里年龄偏小，入园头两个月，对幼儿园的抵触情绪很强。每天上幼儿园都要大哭大闹，他不肯入园，不愿意与老师小朋友在一起，宁愿一个人躲在一边，也拒绝参加一切游戏活动，总以审视的眼光来关注周围的人和事，动手能力弱，且不愿意学。在新生家访中，我曾了解到多多特别喜欢玩小汽车，他家里的内置阳台上停满了不同款式、不同种类的汽车模型。于是根据这一线索，我利用放学后的一段时间和搭班老师一起在活动室里布置了一个和多多家类似的"汽车城"，里面有小朋友带来的各种汽车，还设置了马路、红绿灯、斑马线等。

第二天，多多来园时一如往常，情绪低落。我悄悄地把他带到"汽车城"里，以请求的口吻对他说："多多，看，这里有这么多的小汽车，可是我都不认识，你能给我介绍一下吗？"他看到地上停满了自己最喜欢的汽车玩具，顿时就停止了哭泣，还拉着我的手要我一起坐下，并滔滔不绝地开始向我介绍："这是挖土机，我家也有一辆一模一样的；这是110警车，门打开来，会有声

音的……"奶奶看到此番情景，露出了满意的笑容，放心地离开了，顿时我也感觉无比欣慰。同时，我又请来了同样对车子情有独钟的昊昊跟多多一起玩，昊昊的友好与热情终于被多多接受了，两个人有说有笑地成为了好朋友，从此多多对上幼儿园就不再抵触了，一早就过来找昊昊去"汽车城"里玩。

【评析】教师为孩子营造温馨、友好的学习氛围，这样能潜移默化地影响孩子的情绪。首先教师需要理解、尊重孩子的情感需要、情感表达。如果孩子闹情绪，教师要先了解孩子不良情绪背后的真正原因，从孩子的角度去考虑，帮助孩子，给予抚慰。其次，发挥同伴作用。教师要鼓励孩子多与同伴交流，与伙伴共同游戏，幼儿的情绪会很愉快，而且游戏的过程就是各种情感体验和交流的过程。在同伴的身上，孩子还能直接或者间接地学习别人积极的情绪表达，教师要注意引导孩子互相学习。

三、创设私密小空间，引导幼儿释放悲伤的情绪

平时我们经常会看到有这样的现象发生：有的孩子特别喜欢玩橡皮泥，他们情绪低落的时候会用劲地挤、压、扭、捏，最后一下将橡皮泥使劲地摔在桌子上，顿时心情就舒畅了；有的孩子喜欢反复地搭积木，然后用力地推倒，积木"哗啦"一声坠地的同时，孩子也突然豁然开朗了。为此，我们老师就根据小班孩子的这些行为特征，在活动室里特意为孩子创设了一块私密的小空间，当孩子遇到不痛快、需要释放不良情绪的时候，就可以来到私密小空间里尽情地游戏，尽情地宣泄，出来的时候也就"雨过天晴"了。

【例】嘉嘉是我们班上一个很具个性的小男孩，心思非常细腻。平时心情好的时候很阳光，也很善于和老师、同伴交流，但是遇到不如意、不顺心的时候，心情就会十分沉重，像个小大人似的。记得有一次，妈妈早上把嘉嘉匆匆送到教室门口就离开了，可能是上班要迟到的缘故吧。等嘉嘉高兴地把小书包放好，跑出来准备和妈妈说再见的时候，发现妈妈没打招呼就不见了，嘉嘉一下子泪如泉涌，一副伤心委屈的样子。之前妈妈每次都是要抱一抱，再亲一

亲，才安心离开的，这次怎么就不声不响走了呢？孩子实在是想不通啊！看到嘉嘉这个样子，我也觉得孩子特别可怜，于是想尽一切办法安慰他，跟他解释。可是孩子一句话也听不进去，仍然一个人呆呆地坐着，双眼饱含泪水，没有只字片语。这时，我突然想到嘉嘉平时总是喜欢假装跟妈妈打电话说一些幼儿园里的事情。于是我就先把嘉嘉带到了私密小空间里，首先满足了孩子当下独处的意愿。然后我又拿来了一台"电话机"放在他的面前，悄悄地离开了。我躲在一处注意着嘉嘉的表情，只见他稍稍瞄了一眼那台"电话机"，又轻轻地用指尖触碰了一下，最后拎起电话就开始边哭边说："妈妈，妈妈为什么你没有说再见就走了？我好想你呀……"等孩子说完了，将自己内心的不满和压抑都释放出来了，孩子自然也就没事了。看到嘉嘉自己走出了私密小空间又去找伙伴一起游戏了，我的内心也就宽慰了。

【评析】小班孩子语言表达能力较弱，当他们内心感到委屈、悲伤的时候，不知道如何与别人交流，所以通常会采用一些游戏的方式来释放自己压抑的情绪。在私密小空间里，我们发现孩子常常会把在现实中对某些人、某些事的不满情绪发泄到物体上去之后，他们的脸上总会露出一种满足和痛快的表情。而嘉嘉则是通过给妈妈"打电话"这一方式把内心的感受倾诉出来。倾诉是一种很好的表达方式，能将悲伤的情绪传达出去。

四、通过家园合力，引导幼儿树立积极的情绪

家园合作在幼儿园里是一个持续而永恒的话题。家庭和幼儿园对于孩子的情绪问题也应给予共同关注、共同商讨配合、共同实施教育，只有真正做到家园合力，才能使我们的孩子健康、快乐地成长。在日常观察中，我们不难发现，当家长用饱满的热情、积极快乐的情绪送幼儿来园的时候，幼儿也会表现出积极、快乐、主动；反之，当家长因为上班迟到、工作不顺心或者其他原因表现出焦虑、愤怒、紧张情绪的时候，幼儿也会表现出焦虑不安，甚至恐惧。

【例】我班的欣欣，前段时间早上来幼儿园时总是情绪不稳定，每次来园

都死命地搂紧妈妈的脖子，迟迟不肯放手。妈妈越是叫她不要哭她越是哭得厉害，于是，妈妈就开始不耐烦地对欣欣嚷嚷："快点放手呀，自己去把小书包放好，快点，妈妈上班要迟到了，你这孩子怎么那么不听话，再这样子，妈妈老师可都不喜欢你了。"当我们从妈妈的手中接过欣欣之后，就想办法分散孩子的注意力。我很开心地告诉欣欣，上个礼拜她带来的小蝌蚪长出后腿来了，欣欣马上被我喜悦的情绪感染了，她停止哭声，还拉着我的手一起去看。经过几次观察，我认识到：这可能是欣欣受到妈妈不良情绪"暗示"的结果。于是，我和欣欣的妈妈及时沟通了欣欣的这种情况，建议欣欣妈妈早上送孩子来园的时候不要老是气急败坏的样子，以免孩子受到自己紧张情绪的感染，并建议妈妈每天保持快乐积极的情绪状态，对欣欣多说些鼓励、夸奖的话。妈妈也检讨了自己有做得不妥的地方，并接受了老师的建议。之后，妈妈的态度发生了鲜明的变化，孩子确实也被感染了，每天都能愉快地来园。情绪好了，自然也就不哭了。

【评析】幼儿容易受到成人情绪的影响。不管是老师还是家长，都要注意自己的言行，管住自己的情绪。只有家园合力，为幼儿树立良好的榜样，以自己愉快、积极的情绪去感染幼儿，才能培养幼儿积极、乐观的情绪，以逐渐形成健康、积极的良好个性。

在幼儿园的一日活动中，幼儿总会有各种各样的情绪产生，作为教师，我很希望他们痛快地释放和表现出来。因为只有这样，幼儿才能得到心理上的平衡。但是，对于小班孩子来说，他们做事不分轻重，也不知道自己不良的情绪表现方式会给自己以及同伴带来很多负面的影响。所以，我们教师应该根据不同孩子的不同情况，通过多种途径有意识地来帮助幼儿懂得如何对待和处理自己的各种情绪，引导他们以合理的、积极的方式来表达自己的情绪。

有效解决中班幼儿告状行为的个案研究

张燕萍

幼儿的告状行为是师幼互动中发生频繁的一种行为，为什么幼儿如此热衷于告状？幼儿实施告状行为的原因和动机是怎样的？为理清这些问题，本文对幼儿告状行为进行观察和分析，以减少幼儿告状行为的发生为目的，提出适宜的策略，从而促进幼儿社会性的健康发展。

一、中班幼儿出现告状行为的原因分析

（一）判断能力较弱，需要权威帮助

"告状"行为的发生受儿童对是非、善恶行为准则及其执行意义的认识的影响。皮亚杰认为，学前儿童道德发展处于他律为主要特征的阶段。在这一阶段的儿童，人物规则是权威制定的，是绝对的，不可改变，出现了无条件服从观念。在学前儿童的心里，教师就是权威，以教师的标准为自己的道德评价标准。当对一件事情自己无法做出判断时，自然会寻求教师的帮助，想从教师那里知道正确的判断方法，从而形成学前儿童爱"告状"的特点。

4—5岁幼儿的思维具有特有的自我中心化特点，这种思维方式使幼儿在考虑问题时总是以自己的感觉特点出发，而不善于站在别人的观点和立场上想问题。因此，此年龄段的幼儿只知道维护自己的利益和快乐，不能理解别人的心情。平时同伴之间发生的摩擦，因认知发展的局限性，他们不会用友好协商、互相帮助等手段来解决彼此之间的矛盾，往往通过告状来解决问题。

（二）注意力不集中，同伴间易产生冲突

中班幼儿告状行为在不同的活动类型之间差异显著，在自由活动中发生的告状行为最多，其次是生活活动，在游戏活动中发生的告状行为最少。游戏活动是幼儿喜爱的活动，而且在游戏活动中，幼儿往往有丰富的材料可以操作，幼儿的注意力也最为集中。在游戏当中，幼儿的注意力非常集中，同伴偶尔招惹，幼儿由于专心玩也顾不上告状了。而在幼儿注意力不集中时，同伴稍微碰一下，幼儿也要告状。

（三）活动空间有限，容易发生碰撞

幼儿的自由活动多集中在狭小的活动室内，活动空间非常有限，并且这些自由活动多是些过渡环节的活动，受规范约束的幼儿不能自主决定，只能消极等待。而幼儿的年龄特征之一就是"活泼、好动"，在"无事可做"或必须等待的过程中，自然容易"招惹"同伴，从而引发幼儿的告状行为。在狭小的空间还难免会发生无意的碰撞，这也是引发幼儿告状的原因之一。

（四）不遵守日常规则，同伴间监督

生活活动中，孩子们已经有了一定的日常规则，比如洗手时该怎么洗（六步法），如何擦手（打开毛巾、整理毛巾）等。有的小朋友明明知道该怎样做这些事情，但却故意"违规"，如洗手时匆匆冲一下，不打洗手液；擦手时将毛巾团成个球随便擦擦，有时候手还是湿的……这时候不守规则的小朋友就会被那些"火眼金睛"的幼儿看到，他们就会用自己已形成的"准则"去衡量他人，有了初步的"对"与"错"的观念。幼儿之间是平行的关系，当自己的做法是"正确"的，发现有人"违规"便会及时报告给教师。

（五）表现欲望较强，想引起别人的注意

到了中班，幼儿已有了一定的社会交往能力，"争抢玩具"类的纠纷逐渐减少，"引起成人注意""维护荣誉"类的纠纷与告状开始占主要地位。只要我

们稍加留心就会发现，中班幼儿常常向教师告一些与自己毫无关系的状，比如，哪个小朋友抢别人的东西，哪个小朋友不遵守纪律，哪个小朋友扰乱别人的游戏等。

幼儿的行为开始从"为我"向"为他"发展，也就是随着年龄的增长，其社会性需要开始加强。他们开始逐渐注意自己在他人心目中的形象，注意教师对他们的良好评价，所以到了中班，幼儿都特别注意表现自己。因此中班幼儿告状的目的多数是为了同伴和成人的注意，特别是教师的注意。他们大部分的告状并不要求对事情的好坏做出反应，或得到一个什么样的结果，这时只要成人点一下头或是"嗯"一声，他们就会感到心满意足。

二、个案研究对象的选取

根据幼儿的告状行为，我一共选择四名幼儿进行个案追踪，其中男女各两名，对幼儿不同的告状行为进行个案研究。

表1　个案研究基本情况

幼儿代号：成成	性别：男	出生年月：2010 年 8 月
基本情况： 成成是我们班级年龄最小的幼儿，遇到什么问题，比如交往冲突，都会哭闹着向老师告状。		
幼儿代号：鑫鑫	性别：女	出生年月：2010 年 5 月
基本情况： 在班级中，鑫鑫较内向乖巧，不太喜欢主动与人打交道，碰到问题常常向老师求助。		
幼儿代号：涵涵	性别：女	出生年月：2009 年 12 月
基本情况： 能力比较强，性格比较强势，在与小朋友交往过程中占有主导地位，遇到问题也会有告状现象。		
幼儿代号：旭旭	性别：男	出生年月：2009 年 12 月
基本情况： 性格活泼开朗，与其他小朋友能够友好相处，在其他幼儿碰到问题时会告知教师解决。		

三、幼儿告状行为的基本类型及分析

为了探究幼儿告状行为背后的原因以及它所产生的影响，我在平时的带班过程中注意观察个案幼儿的告状行为，试图获得自然状态下幼儿的告状行为。通过观察积累的一些案例，分析幼儿告状的不同动机，并寻找幼儿告状背后所隐藏的教育价值。

（一）"受害者心理"倾诉

片段一：

午睡起床后，一向乖巧的鑫鑫走到我面前说："老师，晨晨掐我的手背。"我一看鑫鑫的手，看到左手背上有两个指甲的印迹。我随即问："中午你睡着了吗？"鑫鑫说："我睡着了，是睡醒的时候晨晨掐的。我睡醒时把手伸出来，她就掐我的手了。"我随即叫来了晨晨，问道："午睡醒后，你为什么要掐鑫鑫的手？看鑫鑫的手都被掐出印子来了。"晨晨低着头小声地说："她先把手伸过来，跟我玩，她也掐了我的手。"……

片段二：

在一次角色游戏中，成成和轩轩在建筑工地搭建"房子"。过了一会儿，成成哭丧着脸跑到我身边告状说："老师，轩轩他抢我的积木，我搭积木的时候还老碰我，把我搭的房子都弄倒了。"成成一边说一边拉着我到建筑工地，指着倒塌的"楼房"给我看。

当幼儿与同伴一起活动时，经常会碰到有争抢玩具、"谁打我"等身体动作攻击性的告状行为，当这些纠纷发展到一定程度的时候，有一方就会告诉教师，以求得教师的公正裁决或给予保护。鑫鑫告状的原因是晨晨掐她的手背，事实上鑫鑫也掐了晨晨的手背，但"受伤"程度不同，鑫鑫觉得晨晨伤害了她，她想通过向教师告状，让晨晨也受到"惩罚"，于是就发生了告状行为。教师通过倾听与询问，了解了事件的发生过程，并非是晨晨捣蛋故意掐鑫鑫，而是晨晨有意找鑫鑫玩，在玩闹的过程中不小心弄伤了鑫鑫的手。在两位当事人把事情的来龙去脉讲述后，我们可以请幼儿集体分析事件中谁对谁错，讨论如何处理此事件，以后如何防止此类事件发生。有幼儿说，晨晨、鑫鑫两人都有错，不应该在睡醒后相互掐手背；也有幼儿说，主要错在鑫鑫，因为是鑫鑫先把手伸到晨晨那里玩；还有幼儿说，晨晨与别人玩的时候，不能那么用力，会弄伤小朋友。

成成通过告状希望通过教师的权威帮助他重新拿到积木，并且希望轩轩不要一直碰他，而并不是希望教师惩罚被告。发生这类告状的时候，我们帮助幼儿自己来解决问题。当同伴不小心碰了你，把积木弄倒了，可以直接跟对方说："你小心一点，不要碰倒我的积木。"这时候我们也要引导不小心犯错的幼儿应该真诚地道歉，说："对不起。"如果同伴已经道歉了，那就原谅别人一次，此时教师可进一步引导幼儿，大家不喜欢斤斤计较的人，每个人都有不小心的时候，如果你总是不肯原谅别人，那就会失去很多朋友。

（二）"伸张正义者"倾诉

片段一：

户外活动玩滑滑梯，大家玩得正起劲。这时，涵涵跑来说："老师，葱葱不让大家往下滑，翔翔从滑梯的下面往上爬。"我走过去一看，原来翔翔正从滑梯的下面往上爬，而葱葱坐在滑梯的出口，用手拦住不让后面的小朋友往下滑，后面的小朋友吵得乱哄哄的。我问："滑滑梯应怎样玩？""从上往下滑，不能从下往上爬。"涵涵连忙说，"我和他们说了，他们不听。"……

片段二：

学习活动结束后，大家陆陆续续进入洗手间小便、洗手，准备喝水。旭旭跑到我面前说："张老师，博博洗手的时候挤了很多洗手液，他还在水池里玩泡泡。"我走到洗手间，果然看到博博在用手搅洗手池里的水，手臂上都是泡泡。博博看到我走进洗手间，立马把水池里的水放掉，假装在洗手的样子。

中班幼儿不但关心自己的行为是否符合游戏规则、班级常规或者道德标准，而且开始关心别人的行为是否符合有关规则，由此产生相应的情绪。当他们看见一些小朋友违反规则时，会产生极大的不满情绪，并向教师告状。涵涵看到其他小朋友违反玩滑滑梯的行为，出于维护规则，向教师告状。教师这时候需要及时制止翔翔这种行为，翔翔违反了玩滑滑梯的规则要及时予以纠正，不一定要批评，但是要让孩子知道违反规则是不正确的。

旭旭在洗手间看到小朋友洗手时在玩水，违反了班级常规，所以向教师告状。在发生这件事情后，教师组织幼儿讨论"洗手间玩水"事件时，幼儿都说在洗手间不能够玩水，不仅浪费水，还会在玩水时把衣服弄湿，水弄到地板上小朋友很容易滑倒，等等。同时，我们不妨这样引导旭旭："你发现博博违反规则，真棒！但如果能够提醒博博，告诉他洗手间不能玩水，博博就不会玩水了。这样你就更棒了！"

（三）"同情心驱使"倾诉

片段一：

涵涵和琪琪是好朋友，在自由活动的时候，琪琪拿着自己新买的娃娃和小朋友们在桌子旁边玩。涵涵很气愤地走过来对我说："张老师，瑜瑜拿着琪琪的娃娃，不还给琪琪。"涵涵看不过瑜瑜霸占琪琪的娃娃，所以跑到我这里来告了瑜瑜一状。

片段二：

早上运动，小朋友在操场上玩球。这时候，旭旭抱着球跑过来说："老师，乐乐被球打到了，是杰杰打到的。"我走到乐乐面前问："乐乐，你被球打到了吗？""嗯！"乐乐点点头，"刚刚杰杰的球不小心打我了。"他抬起手给我看。

当看到幼儿受到别人欺负时，有的孩子会很仗义地向教师告状。幼儿懂得一些初步的道德观念，知道什么行为是好的，什么行为是不正确的，有时能分清行为的是非好坏，但是仍然缺乏独立解决问题的能力，所以依赖于教师。涵涵因为看到自己好朋友的玩具被其他小朋友抢走了，所以向教师反映情况，希望教师来解决。这时候我们可以让涵涵直接告诉对方，如果对方还继续玩，你就可以严肃地说："你还要这样，我就告诉老师了。"或者"你还这样，下次我不跟你玩游戏了"等。这招"警告别人一次"的方法能有效地让"受害"幼儿正当表达出自己的不满情绪，同时也让对方感受到自己行为的不当，化解即将发生的告状行为。

旭旭因为看到乐乐在玩球的时候被杰杰的球打到了，出于同情心向教师告状。同情心驱使的告状，这个出发点是好的、正确的，因此我们对告状的孩子应予以表扬，对被告状的幼儿应给予适当地批评引导，提醒他向被球打到的幼儿道歉。对待得到帮助的幼儿应该让他知道如何保护自己，遇到困难或受到欺负应当寻求教师的帮助。

（四）"引起他人注意"倾诉

片段一：

午饭时间，保育员正依次为每桌小朋友添菜和盛汤，突然感到有人在拉她的衣角，原来是成成，他说："老师，悦悦她把不爱吃的菜都挑出来了。"

片段二：

午睡起床了，我们班的小朋友们都纷纷自己穿上衣裤，进入洗手间如厕、洗手等。沈老师站在餐厅观察幼儿吃点心的情况，这时鑫鑫忽然跑过来说："老师，成成不会穿裤子，他把裤子穿反了！"

在幼儿园不难发现一种现象，孩子是非常重视教师的评价的，因为孩子年龄较小，自我评价能力差，想让教师关注自己，得到教师的表扬。这时候，孩子就会通过告状来引起教师的注意。成成发现悦悦挑食，所以向保育员老师告状，想引起老师的注意。这时候，老师可以点点头或者回应一声"老师知道了"，让告状幼儿的心理得到满足。

鑫鑫发现成成的裤子穿反了，向老师告状，想得到老师的表扬。这时老师不应责怪告状的鑫鑫多管闲事，也不能对告状的幼儿置之不理，可以满足鑫鑫告状者的表现心理，引导鑫鑫去帮助成成，告诉成成裤子穿反了，要把裤子换过来，借此机会培养幼儿之间的互助意识和情感。

四、有效解决中班幼儿告状行为的对策

（一）提升教师处理幼儿告状行为的能力

无论孩子告状的原因是什么，教师在孩子心目中就是一个至高无上的大法官。任何不予理睬、敷衍的态度对孩子都是不礼貌、不尊重的。幼儿的告状看来事小，但跟幼儿的心理发展关系很大。教师要重视幼儿的告状，只要教师做个有心人就不难发现，爱告状的孩子总不乏可爱之处（如关心他人、有一定的正义感等）。不管幼儿由于什么原因而告状，教师都要以尊重、理解孩子的态度认真倾听，不能用粗暴的方式来应付。事实上，只要我们教育引导得当，它还能帮助我们提高教育效果。因此我们可以根据孩子的活动情况和心理需要，选择合适的教育内容和教育方法，从而使我们的教育有的放矢，成效显著。在对幼儿告状行为的分析及引导策略的探索过程中，教师需充分理解幼儿在自我评价发展、道德观发展方面的年龄发展特点，尊重幼儿的情绪感受，积极引导幼儿获得自我调控伙伴冲突的方法及能力，不要简单地压制幼儿的告状行为，帮助幼儿建立良好的同伴关系，让他们在幼儿园的每一天都能和同伴快乐游戏。

（二）提升幼儿自己处理问题的能力

教师妥善地处理幼儿的告状行为是非常重要的，但最终的目的在于培养幼儿的独立性，从而减少幼儿的告状行为。对于幼儿之间纠纷的处理，教师可组织幼儿观看影视动画、听故事等，有目的地引导幼儿评价其中人物的行为，从而丰富幼儿对是非的感性经验，提高他们的辨别能力，进而减少幼儿的不良行为。还可以组织幼儿通过谈话、讨论等形式，讲一些幼儿日常生活中遇到的问题，让幼儿来想办法解决，从而提高幼儿独立处理事情的能力和判断是非的能力，进而减少幼儿的告状行为。同时还可以教给幼儿一些解决矛盾、处理问题的策略，如学会使用礼貌用语、学会谦让、共同协商等。

（三）家园合作有效解决幼儿的告状行为

在课题研究的过程中，我们与部分幼儿家长通过交谈发现，几乎每一个家长都表示：幼儿教师专门负责教育幼儿、照顾幼儿，因而，孩子遇到了麻烦必须报告教师，部分家长甚至会介入到孩子的矛盾当中去。因此，要让幼儿树立正确的观念，首先要纠正家长的错误态度，做好家长工作。另外还要通过家长园地、家园联系手册等多种手段来让家长明白，如何正确面对孩子在幼儿园所遇到的各种困难，以及怎样解决等问题。并指导家长用正确的方法教育孩子，转变重智轻德的观念，配合班级培养并保持孩子的良好行为，使他们德智体美多方面和谐发展。让家长明白，要让幼儿快乐地生活，就必须有一个宽广的胸怀，而且要从小学会与别人交流，学会帮助谦让他人。

参考文献：

1. 社会学视野下的师幼互动行为研究：我在幼儿园里看到了什么[M].刘晶波著.南京：南京师范大学出版社.2006年

2. 中班幼儿告状行为及应对策略[J].张瑞，杨阳著.青年文学家.2013年1月

3. 4—5岁学前儿童告状行为研究[J].郑名，李春丽著.调查与研究.2005年1月

4. 浅谈幼儿的告状行为[J].韩晓著.中国校外教育.2012年3月

5. 教师应对幼儿告状行为的调查分析[J].张亭亭，胥兴春著.早期教育（教科研版）.2012年7月

培养幼儿良好礼仪行为习惯的
家庭教育指导实践与研究[*]

浦东新区福山同乐幼儿园课题组

一、研究缘起

基于对"充分利用学前教育机构、家庭、社区的教育资源，开展家庭教育指导，努力实现学前教育机构的教育与家庭、社会生活的一体化"的思考，以及幼儿园龙头课题《培养"知行统一"的幼儿礼仪教育实践与研究》的开展，2014年4月，我园申报并成功立项了《培养幼儿良好礼仪行为习惯的家庭教育指导实践与研究》市级家教指导课题，力图通过研究，实施多样的培养幼儿良好礼仪行为习惯的家庭教育指导，指导家长积极营造富有"礼仪"文化氛围的家庭教育环境。在日常家庭生活中，让孩子初步接触身边的礼仪言行，初步了解并遵守共同生活所必需的规则，形成对待他人的良好态度和行为方式，家园联手，共同促进幼儿礼仪认知、情感、态度、能力发展，促进幼儿形成礼仪行为习惯的实践活动。家园联手共同建构幼儿园礼仪特色教育课程，促进"知行统一"的幼儿礼仪习惯养成。

---

* 该课题为2015年市级家教指导课题，负责人：邱立新，参与课题研究的主要研究人员有：周巍、王蓓、季敏、王霄文、张燕萍、高燕、邱立新、陈艳等。本报告邱立新执笔。

二、具体实践

（一）调查研究，明确开展家庭礼仪教育指导的突破点

为了清晰了解家庭礼仪教育现状，我们就家长的个人生活礼仪、人际交往礼仪以及公共交往礼仪三个维度进行调查。通过调查显示，80% 的家长会密切关注自己的仪容仪表，8% 的家长表示自己从不在意，也不会刻意去注重自己的仪容仪表。在平时接送幼儿时段，确实也有少数年长家长穿着背心、拖鞋来园接送孩子。家长对于礼仪话题的关注情况显示：5% 的家长表示对此非常关注，35% 的家长不够关注，其余家长能够偶尔关注一下。在社交礼仪调查中显示，50% 以上的家长能够注意生活礼貌用语。综上所述，我们不难发现家庭礼仪教育的现状令人堪忧。80 后的年轻父母，对于幼儿良好礼仪行为习惯培养意识比较淡薄，家长培养幼儿礼仪习惯养成方法缺失。祖辈养护多存在不足，父母自身存在教育问题，家庭教育缺乏一致性以及社会不良信息的影响，幼儿礼仪行为平时练习不够等原因，导致幼儿礼仪"知行统一"存在偏差。

（二）梳理编写，形成家庭礼仪指导课程

为了系统开展幼儿良好礼仪行为习惯的家庭教育指导实践与研究，我们根据幼儿园"知行统一"幼儿礼仪教育课程实施需求以及家长在教育中存在的问题，编制《家长训练营——"家长如何开展幼儿礼仪素养启蒙指导讲义"导读》。本讲义根据孩子的发展阶段，分别从小班的"爱清洁、有礼貌"、中班的"好习惯、会学习"、大班的"善交往、守规则"六个板块编写，力图通过向家长讲解礼仪习惯养成的意义价值、内容方法、案例评价等内容，指导家长进行家园合作，同步提供贴近幼儿生活的教育内容，把礼仪教育融入幼儿日常生活中，带动幼儿礼仪情感的加深和礼仪技巧的提高。通过家教指导课程，让家长知晓幼儿良好礼仪行为习惯的具体行为标准、内容与要求，提高家长培养幼儿良好礼仪行为习惯的意识，借鉴家庭礼仪教育智慧与经验。

（三）行动研究，探索开展幼儿良好礼仪行为习惯家庭教育指导的方法与策略

1. 多层次的讲座指导

讲座讲解法是我们在指导中经常采用的方法，即利用家长和学校这一家庭礼仪教育指导的主阵地，定期举办家庭教育讲座，通过讲解向家长宣传幼儿良好礼仪行为习惯家庭教育的重要意义，传授教育的原则、方法以及注意点。首先通过家长问卷，提供讲座传单，广泛征求园、班两级家委会的意见，了解家长教育指导需求、资源、现状等，根据需求合理选择家长学校指导内容与形式。从讲座规模来分有园级讲座、年级组讲座、班级讲座。

2. 多形式的互动培训

（1）家长沙龙——在教师组织下，由部分家长和孩子围绕某一中心问题，发表自己的看法，从而进行相互学习的一种方法。一般首先从家长中征集家庭礼仪教育的问题和困惑，然后对征集来的问题进行归类梳理，形成几个中心议题，再组织教师和家长讨论，发表自己的观点和建议。讨论的形式可以是口头的座谈会形式，也可以是书面交流形式，还可以在家校互动网站上开辟礼仪文化专栏，提供案例供大家学习讨论，从而提高家长的教育能力和家庭教育的水平。如我们组织家长开展家长沙龙——《说说家庭礼仪教育那点事》，围绕"请家长描述一下你觉得有礼貌的宝宝在家应该是怎样的表现？"等三个话题，借助案例分析、头脑风暴、幼儿回答等形式与家长互动，帮助家长认识到家庭进行礼仪教育的重要性以及一些方法和途径。活动中，家长们纷纷踊跃参与互动，相互分享了各自家庭礼仪教育培养小故事，双方的分享交流互动让在座的家长和老师们意识到，只有携手共进，才能形成培养幼儿良好礼仪习惯的合力，为孩子的终身发展奠定良好的基础。整个家长沙龙活动内容聚焦，形式多样，家长们在活动中充分感受到家园共育的重要性。

（2）家长教家长——我们通常采用典型案例讲解、家长现身说法、案例视频录像的形式开展家庭礼仪教育指导。我们觉得案例引领法能够结合家庭教育个案进行分析研究，找到家庭教育中的问题，分析家长是如何处理解决这些问

题的，从中可以借鉴育儿经验。

（3）家长导读——各班在家园互动专栏、家校互动网设置"礼仪亲子游戏、礼仪行为导读"栏目，每周向家长提供亲子礼仪游戏、家庭礼仪教育经验等，帮助家长获得幼儿礼仪教育"良方"。多形式互动培训让广大家长达成共识：幼儿良好行为习惯养成应从我做起、从现在做起、从小事做起、在日常生活中养成。

（四）实训演练，在实践体验中提高家长指导能力

1. "亲子活动"是培养幼儿良好礼仪行为家庭教育指导的"实践"载体。

我园根据社会热点、节日节点、研究重点设计开展相应主题的亲子活动。每学期不少于两次的亲子活动以感悟为基本途径，让家长在游戏体验中获得教育感悟。

【例一（社会热点）】我们开展亲子爱心义卖活动。六一节我们举行"大手牵小手爱心义卖"主题活动，由大班师生、家长共同参与，将这份浓浓的爱心传递在幼儿园的每一个角落，让孩子们体会尽自己所能去帮助身边需要帮助的人也是一种幸福。

【例二（节日节点）】每年的"元宵乐"活动中，家长和孩子们来园游戏，"花灯送福""兔运元宵""猜灯谜""搓元宵""品尝元宵"等丰富的亲子游戏，让孩子与家长共同体验浓浓的年味，并在亲子交融互动中增进亲子情感，提高家长的指导能力。

【例三（研究重点）】"亲子礼仪情景剧"更是家长和孩子共同展示自己才能的舞台，让亲子在共同选剧本、音乐，编剧情，共同演绎中体验美的情感，表达美的言行，从而促进礼仪的知行统一。每学期一次的情景剧表演活动得到家长与师生的积极参与，大家一起创编礼仪故事，一起商讨剧情，一起排练。在大家的共同努力下，"文明乘车"等十多个生动的亲子情景剧给孩子们带来一道道美味的"心灵鸡汤"，孩子们在欣赏与精彩的表演中不断感悟与收获。

2. **家长助教——家长进课堂，直接参与教育活动，协同教师完成教学任务，实现教学目标。**

幼儿园不同层面的家长来自不同的行业、有着不同的工作，家长的职业、阅历、特长对幼儿园来说就是一笔丰富的教育资源。因此，我们制作了家长资源库，在活动中积极利用家长资源，指导家长运用优势资源来园开展活动。如，中班的家长助教活动内容是"购物礼仪"，家长通过讲述故事，以及与孩子一起的情景表演，生动再现了外出购物时的礼仪。大班的家长助教活动内容是"乘车礼仪"，家长通过PPT以及和孩子们一起做乘车游戏，在游戏活动中让孩子对交通规则、乘车礼仪有了深刻地了解。诸如此类的例子举不胜举。"家长助教"活动充分开发了礼仪教育资源，密切家园互动，给幼儿礼仪教育添上了一缕色彩。

3. **个案跟踪——指导家长关注个体，在观察、分析、跟进指导过程中有效培养幼儿良好的行为习惯。**

我们根据研究的目的和任务，选择追踪对象。根据目标，进行定期观察，并实施相应干预措施。在观察、分析、干预这样循环往复的过程中，推进幼儿行为习惯的养成。个案跟踪让家长、教师紧密携手，共同走进孩子的世界，共同关注孩子的发展，是幼儿良好礼仪行为习惯养成的良方。

三、收获与思考

（一）研究使家园联手促进"知行统一"的幼儿文明礼仪行为习惯养成

我们于课题研究前、后对各班幼儿就"礼仪行为""礼仪认知"等八个项目（大方应答、文明进餐、整洁自理、礼貌用语、关爱助人、友好协作、宽容自律、尊重他人）进行发展测评。结果表明，我园幼儿日常行为礼仪遵守情况与期初有了明显改变，孩子们变得活泼开朗、文明乐群了（如小班幼儿的生活礼仪养成成效明显，从原来50%的孩子知道饭前、便后、手脏了要洗手，到期末 85% 的孩子能够做到；中班孩子在"关爱助人"方面从原来的 55% 的孩子能做到上升到了 69%；"尊重他人"方面幼儿在情境游戏中表现出达成度从原来的 67% 提高到了 80% 等）。分析原因，我们认为是研究让家园联手，促进"知行统一"的幼儿文明礼仪行为习惯养成。

（二）研究让家长收获幼儿礼仪行为习惯培养的"良方"

我们通过多形式培训、多渠道互动，让家长明了开展礼仪家园教育的价值并积累相关经验，让家长在参与体验中掌握开展幼儿礼仪教育的方法。家长能够注重言传身教，积极营造家庭礼仪的良好氛围；能用正确的方法，在与孩子的游戏互动中有的放矢地开展教育；能在日常生活待人接物中关注孩子良好品行的形成。在家庭生活中应采用积极评价，使幼儿获得愉悦的体验，促进幼儿道德价值的内化，使礼仪行为真正成为幼儿内部的需要。

（三）研究凝聚了幼儿园礼仪课程建构合力

研究让我们常看见"家长助教"和孩子互动，每次的亲子活动总能看到家长志愿者的身影。正是由于家长的参与协同教育，使我们在日常生活中礼仪活动的资源得以充分应用，研究使幼儿礼仪教育氛围日益浓厚，幼儿礼仪教育实践也因此变得更加生动起来。

课题实践与研究给我们带来启示：幼儿园开展幼儿良好礼仪行为习惯的家庭教育指导实践与研究，让幼儿礼仪行为习惯的养成拥有了无穷的动力与源泉，帮助家长树立幼儿礼仪教育意识是研究根本的出发点，运用多种方法开展家庭教育指导，指导家长积极创设与利用富有"礼仪"文化氛围的家庭教育环境，有力推进家园联动、合力共育。

运用评价指标促进幼儿
"知行统一"礼仪教育的研究

"礼仪"是幼儿园"德育"的重要内容之一,而幼儿期也是培养礼仪行为的关键时期。良好的礼仪行为可以使幼儿拥有融洽的人际关系,更加独立,更懂得尊敬和善待他人,这些都会为幼儿今后的发展奠定良好的基础,使其能更好地适应社会。

本研究通过教师自定礼仪评价指标,将评价指标分为三个维度,即个人礼仪、公共礼仪和交往礼仪。在个人礼仪中,目标从爱干净、如厕、餐点、服饰和形体这五个点来制定具体目标;在公共礼仪中,目标从爱护图书、爱护绿化、遵守交通规则、排队、物归原处和课堂礼仪这六个点来制定具体目标;在交往礼仪中,目标从分享、招呼、诚实守信、协商合作、乐于助人、懂得感恩、尊敬长辈和同伴友爱这八个点来制订具体目标。同时,根据幼儿的年龄特点设定了三个不同年龄段的目标。

一、不同年龄段幼儿个人礼仪目标制订

各年龄段幼儿个人礼仪目标

内容＼年龄段	小　班	中　班	大　班
爱干净	在成人提醒下愿洗手、漱口,会使用小毛巾。	知道打喷嚏要捂口鼻,流鼻涕及时擦干净。	能做到勤洗澡,勤剪指甲,坚持天天刷牙。
如　厕	在老师提醒下,学会自己提拉裤子。	初步掌握正确使用便纸的方法。	能遵守如厕规则,做到有序排队。

（续表）

年龄段\内容	小 班	中 班	大 班
餐 点	正确使用勺子，不做漏嘴巴。	初步尝试使用筷子并保持桌面整洁。	午餐时保持安静，做到三清。
服 饰	在成人引导下，学会自己穿脱衣服。	尝试自己穿脱衣服并叠放整齐。	知道简单的服饰礼仪，做到穿着整洁大方。
形 体	在成人引导下，掌握正确站姿、坐姿。	站、行、走、坐时姿势不随意。	站立、端坐、行走时姿势端庄，优雅自信。

二、不同年龄段公共礼仪目标制订

各年龄段幼儿公共礼仪目标

年龄段\内容	小 班	中 班	大 班
爱护图书	在成人的提醒下，能做到不破坏图书。	尝试安静看图书，并做到物归原处。	选择自己喜欢的图书，并能做到按标记分类摆放。
爱护绿化	激发幼儿喜爱花草树木的情感。	喜欢花草树木，能做到花儿好看我不摘。	知道保护花草树木的方法。
遵守交通规则	在成人的引导下，知道过马路要走斑马线。	认识红绿灯，知道红灯停绿灯行。	认识常见的交通标志，能做到自觉遵守交通规则。
排 队	在成人的引导下会看好标记排队。	尝试自主排队，学会等待。	能自主有序排队，做到不推搡、不拥挤。
物归原处	能在老师的提醒下做到物归原处。	能按标记做到物归原处。	能自己制作分类标记，并做到玩具分类摆放。
课堂礼仪	在成人的提醒下，能做到坐端正，认真听。	积极举手大胆说想法并能整理好自己的学具。	认真倾听同伴的想法，做个守规则的小朋友。

三、不同年龄段交往礼仪目标制订

各年龄段幼儿交往礼仪目标

年龄段 内容	小　班	中　班	大　班
分　享	在成人引导下，愿意与他人分享玩具。	愿意与同伴分享玩具，体验分享的快乐。	能主动与同伴交换玩具玩，学会交朋友。
招　呼	能在成人引导下，学会主动向他人问好。	愿意与同伴打招呼，做个礼貌好宝宝。	用正确的称谓打招呼，情绪自然、表情自信。
诚实守信	在成人引导下，坚持每天来园不迟到。	做错事情能主动承认，不撒谎。	答应别人的事情要做到，做到诚实守信。
协商合作	在成人的引导下学习商量。	尝试两两合作，体验合作的快乐。	能与同伴商量合作做事。
乐于助人	知道帮助别人是一件快乐的事。	能帮助老师和同伴做力所能及的事。	关爱身边的人，不欺负弱小。
懂得感恩	在得到他人帮助的时候，能主动说谢谢。	乐意接受他人的帮助，学会感恩。	懂得感恩，能主动帮助需要帮助的人。
尊敬长辈	在成人引导下见到长辈能主动打招呼。	见长辈能主动问好，有礼貌。	按不同的称谓与长辈打招呼，表情自信，声音响亮。
同伴友爱	在成人的引导下愿意和同伴一起玩。	主动和同伴一起交换玩具玩，礼貌友爱。	能主动帮助同伴解决困难，做到友爱相处。

四、指标评价测评与分析

我们运用抽样调查、情境创设的方式对幼儿园 12 个班的部分孩子进行抽测。最后，本研究提出了改善幼儿不良礼仪行为的教育建议：根据幼儿的年龄特点和心理特点来实施礼仪教育。

【例一】《香喷喷的蛋炒饭》——幼儿个人礼仪

小班抽测方法：教师所设定的游戏目标是掌握使用勺子的方法，不做"漏嘴巴"。教师提供人均一碗蛋炒饭、勺子一把，观察幼儿是否会使用勺子将蛋炒饭吃完，查看使用勺子的方法和桌面是否干净。小班四个班级中，每班随机对三个孩子进行抽测。

小班抽测结果：通过观察，发现有66%的小班幼儿能做到，33%的小班幼儿基本能做到。大多数幼儿能正确地使用勺子，把饭舀到嘴巴里，做到不洒饭粒，能用手扶着饭碗吃饭并能保持安静。纵观小班四个班级，抽样调查小三班三名幼儿能够全部达成目标，小二班和小一班只有一名幼儿基本达成，小四班幼儿稍弱，有两个能基本达成目标。幼儿需要掌握使用勺子的方法，不做"漏嘴巴"。

小班抽测分析：小班幼儿年龄小，虽然大部分抽样的孩子能完成目标，但是在进餐的过程中，个别幼儿会发出吧唧的声音，有的幼儿在打喷嚏或者咳嗽的时候直接冲着对面的小朋友，没有捂住嘴巴等；进餐后，在送餐盘时，个别幼儿不会轻放餐盘和勺子，发出声响，这些行为也需要在今后的抽样过程中增加。（中大班略）

【例二】《保护图书》——幼儿公共礼仪

大班抽测方法：教师为大班幼儿所设定的该游戏目标是能选择自己喜爱的图书安静阅读，并能做到按标记分类摆放。教师提供图书若干，观察幼儿是否能够安静看书，结束后能按照标记将图书进行分类摆放。大班四个班级中，每班随机对三个孩子进行抽测。

大班抽测结果：通过观察，发现有50%的大班幼儿能做到，41.7%的大班幼儿基本能做到，8.3%的大班幼儿不能做到。通过观察发现，大一班的1号、2号幼儿、大二班1号、3号幼儿、大三班3号幼儿和大四班的1号幼儿，这些幼儿能够做到安静看书，并且看完书后能按照标记分类摆放；大一班3号幼儿、大二班2号幼儿、大三班的1号幼儿和大四班2号、3号幼儿能比较安静地看书；大三班3号幼儿不仅不能安静看书，还会将书故意放乱。

大班抽测分析：大班幼儿对文字、书面符号特别感兴趣。由于大班幼儿已认识1—10的阿拉伯数字，因此，他们可以按页码顺序看书，学习按从左向右、自上而下的顺序看书。在看书过程中，幼儿亲自感受到图书是一页一页组成，故事是由一幅画一幅画有序地接下去看，才能知道故事内容。（小中班略）

【例三】《分橘子》——幼儿交往礼仪

中班抽测方法：教师所设定的该游戏目标是愿意和同伴分享橘子，体验分享的快乐。教师提供大小不一的橘子8个。教师观察，当投放橘子数量比幼儿数量少时，幼儿是否会分享橘子。中班四个班级中，每班随机对三个孩子进行抽测。

中班抽测结果：通过观察，发现有25%的中班幼儿能做到，50%的中班幼儿基本能做到，25%的中班幼儿不能做到。通过观察发现，中二班1号幼儿、中三班2号幼儿和中四班的1号幼儿能主动礼让他人，不争抢不吵闹，会说："你们先拿。"中一班2号和3号幼儿、中二班2号幼儿、中三班3号幼儿和中四班2号及3号幼儿刚看到橘子的时候都去拿了大的橘子，发现有伙伴没有拿到，能分一半给他们。中一班1号幼儿、中二班3号幼儿和中三班1号幼儿刚看到橘子就争抢，非要挑选个头最大的橘子，还有推来推去的动作。

中班抽测分析：孩子们在家中享受着"小皇帝"的待遇，需要引导孩子通过尝试对物品的操作来亲自体验分享的方法——轮流分享、先人后己、平等分享等，会帮助同伴取拿物品，会和同伴交换物品使用，当物品不够时学会等待和协商。（小班、大班略）

幼儿礼仪行为及其良好习惯的养成对幼儿终生发展有着十分重要的意义。教师和家长可以利用评价测评的方法观察孩子的行为表现，使之形成良好的礼仪行为，促使其人格健康发展。

实践篇

◎ 礼仪活动案例

◎ 礼仪情景剧

◎ 教育故事

礼仪活动案例

我会应答（小班）

🍃 王霄文

设计思路：

小班幼儿常有以自我中心的特征，表现为在家不听话、千呼百唤不答应等方面。幼儿在园呈现的良好倾听、应答习惯，在家却荡然无存。学会及时应答，是小班幼儿礼仪教育内容之一，也是幼儿礼貌交往必不可少的技能要求。

根据小班幼儿的年龄特点，活动采用"情境化"的组织方式，同时凸显"生活化"，创设与实际生活相联系的情境并给予暗示，以便幼儿进行讨论、交流，让幼儿在情景谈话、游戏练习中知道及时应答是一种礼貌行为。

活动目标：

1. 知道及时应答是一种礼貌行为。
2. 体验应答游戏的快乐。

活动过程：

一、招呼游戏，以情激趣

1. 与客人老师打招呼（要求关注客人老师是怎么回答我们的）

（实录：孩子们纷纷跑到客人老师面前大胆同客人老师打招呼，但是对于我的要求，记住的似乎不是很多，只关注与客人打招呼游戏，体验了游戏的快

127

乐，但对于客人老师的回答没有关注。

调整：你会礼貌地和客人老师打招呼吗？猜猜客人老师会怎么和我们打招呼呢？想试试吗？去和客人老师打招呼，一定要记住客人老师是怎么和我们打招呼的！）

2. 招呼应答游戏（要求仔细听，及时回应）

观察要点：幼儿能否大胆回答老师的提问。

指导策略：引导胆小的幼儿大胆表现。

（实录：孩子们表现非常好，有了第一环节游戏的尝试，孩子们对老师的提问更加关注，就连胆小的佳约都会有礼貌地和我进行互动。）

小结：我招呼，你回答，有问有答有礼貌。

二、图片讨论，迁移交流

1. 图片讨论

师：这是哪儿？你看见了什么？（教师讲述故事，营造谈话情境。）

幼儿讨论：妈妈为什么着急？宝宝应该怎么做？为什么要回答？

（老师抓住了几个关键性的问题进行提问、追问，让孩子们知道不论在什么情况下，只要爸爸妈妈问话，就要及时回答，及时回答大人的问话是非常有礼貌的行为。）

小结：妈妈叫宝宝的时候，应该马上回答，这样妈妈才能放心。

模拟游戏：现在你来做宝宝，我来做妈妈，玩妈妈来接宝宝的游戏吧。

（孩子们已经明白及时应答的重要性，因此在游戏中，对于老师的问话，都能积极动脑，想出不同的答案，活动气氛非常热烈。）

2. 图片讨论

设疑：滑滑梯太好玩了，宝宝还想玩，该怎么把自己的想法告诉妈妈呢？

模拟游戏：我们一起帮助宝宝，好吗？

小结：宝宝能够把自己的想法告诉妈妈，真棒！

三、借助游戏，体验快乐

游戏：找小猫

要求：音乐停要藏好，猫妈妈叫到名字的时候，宝宝要大声回答妈妈"哦"！

活动反思：

孩子们在幼儿园对老师和同伴的问话，都会非常主动地进行回应，但是在家中往往对家长的问话置若罔闻。及时应答是小班幼儿礼貌交往的开始。因此，本次活动旨在努力营造一种宽松、活泼的游戏情境，让孩子们在喜欢的游戏中，通过讨论、交流，知道及时应答是一种有礼貌的行为。

活动开始，礼貌应答游戏让孩子们活动热身，激起幼儿回应不同问题的兴趣。

接着通过图片把幼儿引入情境讨论的氛围中来，在观察图片、聆听故事中引起幼儿对"及时应答"的关注。让大家积极动脑思考：如果妈妈叫了，应该怎么做？为什么要马上回答妈妈的问话？孩子们的回答是丰富多彩的：马上和妈妈回家；大声回答妈妈，妈妈才不会着急……其实在教师引导、孩子们回答的过程中，及时应答、学会恰当的应答已经深深地印在幼儿的脑海中。

接着，趁热打铁，为孩子们设置情境：离园了，滑滑梯太好玩了，宝宝还想再玩一会儿，妈妈急着招呼宝宝回家了，这时候宝宝该怎么回应妈妈呢？生活中，孩子们经常出现不理睬妈妈的现象，不愿意及时回应的原因，多数是因为孩子们醉心于自己的游戏、玩具中，怕不能将自己的游戏继续进行下去，又怕爸爸妈妈不开心，于是索性对大人不理不睬，假装听不见。孩子们有了一定的生活经验，对于我的提问，稍稍停顿便有了自己的答案：让我再玩一会儿吧；再玩最后一次行？我明天再来玩可以吗？……从孩子们的回答中，我已经感觉到孩子们知道了及时应答是有礼貌的行为，同时能在日常生活中保持。

当然在活动中，我也发现自己存在需要改进的地方，如语言不够精炼，怕孩子们听不清楚自己的问话，不断地进行重复。其实对于小班下学期的幼儿，简单精炼的语言更能激起幼儿对于活动的兴趣和热情。

车来了（小班）

张燕萍

设计思路：

在《小司机》主题中，我们带领幼儿认识生活中常见的交通工具，知道它们的特点及功能，积累相关的乘坐经验，了解、掌握生活中的交通规则并学着遵守规则，形成了初步的安全意识和自我保护能力。随着幼儿生活经验的不断积累和认知水平的提高，他们的求知欲望也越来越强，于是《车来了》活动便开展了。

活动目标：

1. 观察了解绘本内容，能用适当的语言表达出来。
2. 了解基本的乘车礼仪和乘车安全注意事项。

材料准备：小河马、河马妈妈图像、多媒体课件。

活动过程：

一、展示小河马、河马妈妈图像，引起幼儿兴趣

提问：看看谁来了？（引导打招呼）今天河马妈妈要带小河马出去玩，猜猜它们可能要到哪里去呢？

提问：听听小河马说什么？（今天妈妈要带我到公园里去玩呢！）

提问：小河马说了什么？（幼儿讲述小河马的话。）

提问：河马妈妈带小河马去公园，它们怎么去呢？

过渡：它们在路上会遇到些什么事情？我们一起来看看吧！

二、播放多媒体，看看、讲讲、演演，理解故事内容

1. 分段欣赏故事

提问：你们看到了什么？（两幅画面连播）

提问：你们觉得小动物这样做对不对？为什么？

提问：请你去告诉小动物们，好吗？

过渡：听了你们的话，小动物都坐好了，谢谢小朋友。（继续播放多媒体）车子开到第六站的时候，上来了一位老爷爷和一位老奶奶。如果你是小河马，你看见了会怎么做呢？（扮演角色演绎故事情节）

过渡：小河马真是个乖孩子，我们一起来表扬表扬它吧。（一起表扬小河马）

提问：（继续播放多媒体）终于到站了，小河马和妈妈下车了，公园在马路的对面，咦，它们怎么不过去呢？（过马路要看看红绿灯，不能闯红灯）

过渡：公园终于到了，小河马拉着妈妈的手，在公园里玩了很长时间，可开心了。

2. 完整观看多媒体，欣赏故事

三、活动结束：音乐律动——开汽车

活动反思：

这个活动选材适合小班，故事中的角色形象既夸张又可爱，而且故事内容来源于幼儿生活，描绘了孩子在外出乘车时遇到的种种问题，它教会了孩子外出的基本知识，这对小班的孩子来说是非常受益的，恰逢开展《小司机》主题活动，所以说这个教材还是很有教育价值的。

在设计活动的过程中，我把其中的部分内容略做改动，例如，把小河马要去百货商店改为去公园，这样更符合小班幼儿的年龄特点。同时把故事中的另外一个情节——到站了要按按钮提醒驾驶员停车这个部分删去，因为这个情节和我们的社会现状不符合。

在活动中，我通过观察发现，幼儿对这个故事情节很感兴趣，发言的积极性很高，对"过马路要看红绿灯"以及"在车上不能奔跑"这两个情节点描述得很好，说明多数幼儿已经有了这方面的生活经验。对于"上车排队"以及"让座"这两个情节点，通过经验的交流分享，尤其是让幼儿来模拟让座位这段情节，幼儿很感兴趣，积极要求扮演。活动让孩子更好地掌握了乘车的基本礼仪。

小熊请客（小班）

凌 静

设计思路：

《小熊请客》是我设计的一个以小熊为主角的语言活动。通过《小熊请客》这个故事，让幼儿了解几种小动物的食性，会简单的礼貌用语，学做小主人，学会招待客人，做文明礼貌的主人和客人，同时体验角色表演的乐趣。

活动目标：

1.了解各动物的特征，并知道它们爱吃的食物。
2.学说礼貌用语，学做小主人，感受朋友友好相处的快乐。

活动准备：

经验准备：已初步认识小熊、小猫、小狗、小兔几种动物。
材料准备：小熊、小猫、小狗、小兔等头饰，及它们爱吃的食物图片。

活动过程:

一、谈话导入

师:(出示玩具小熊)哪个动物朋友来了?小熊不但长得可爱,而且对待朋友可热情了,它经常邀请朋友们到它家里去做客。小朋友知道应该怎样招待客人吗?(幼儿各抒己见,启发幼儿在日常生活中要热情有礼貌地招待客人)

二、激发幼儿对故事的兴趣

师:小熊今天要请客,准备了这么多好吃的,它要请谁呢?(引导幼儿根据食物猜一猜小熊要请的客人,并说出理由"你怎么知道是小猫〈小狗、小兔〉"。)

三、结合图片完整讲述故事

师:小熊到底请了谁呢?我们一起来听故事《小熊请客》。

教师绘声绘色讲述故事,重复的情节引导幼儿参与:客人敲门时,引导孩子集体表演;小动物的对话引导孩子描述体验,了解几句常用的礼貌用语:"你好""请""谢谢";小熊拿食物招待客人时,请幼儿挑选合适的图片送给客人:"小猫(小狗、小兔)来了,小熊要请它吃什么呢?"请个别小朋友送食物。

四、问题讨论

三个小动物最后对小熊说什么?为什么要这样说?

五、角色表演,学习礼貌用语

引导语:我是小熊,我们一起来做动物小客人,请告诉我:你是哪个小动物,爱吃什么?

小结:每个小动物都有自己喜欢吃的食物,小猫爱吃鱼,小狗爱吃骨头,小兔爱吃萝卜,可不能搞错了!

活动反思:

本次活动,我突破了以往故事教学环节单一、讲多动少的弊端。在整个活动中,始终围绕小熊请客的过程,配以课件,图文并茂,刺激幼儿的视觉,培养幼儿感恩的美德；幼儿能较好地理解故事内容，并将故事巧妙地与表演相结合；师生互动、生生互动，在自由灵动的氛围中完成了教学目标。

本活动符合小班幼儿的年龄发展特点，他们已经理解"请客"的含义。小班幼儿受环境的影响比较大，所以"小熊的家"情境能让孩子更好地融入故事中。第一环节的创设，采用提问引导法和视听结合法，在讲述故事时，充分调动幼儿的视觉器官，边讲述边提问，通过课件再现故事情境，让幼儿有身临其境的感觉，便于理解故事内容，并以不同的口吻有表情地讲述，以此激发幼儿学习故事的兴趣，突破了教学重点。

在第二个环节，我鼓励幼儿扮演故事中的动物角色，学说礼貌用语。我把自己准备的动物头饰随故事内容逐一呈现。幼儿戴着头饰轮流表演，模仿动物的动作，不知不觉地进入了角色。活动中幼儿能积极参与其中，成为故事的主人，在亲身体验中获得了表演的乐趣，增强了对故事的理解。

在活动延伸环节，充分发挥区角的作用，将图片、头饰投放到表演区供幼儿继续表演。

活动中教师给孩子创设了宽松的语言氛围让孩子愿意说、敢说、敢表达，并对不同能力的孩子提出不同的要求，充分给每一个幼儿说的机会。孩子通过表演理解故事，加深了招待客人的印象。通过活动，幼儿表演能力、口语表达能力和合作能力都得到了锻炼和提升。

打喷嚏（小班）

夏　艳

设计思路：

最近天气多变，我们班感冒的宝宝很多，经常出现"一个孩子打喷嚏，几个孩子来擦脸"的情况。《打喷嚏》适合小班幼儿的年龄特征，它借助幼儿喜爱的小动物形象，生动地再现了现实生活中小朋友感冒后，打喷嚏的不正确做法，从而引导幼儿进行生活迁移，在来不及拿纸巾的情况下，学会低头、转头或用手来掩住口鼻等打喷嚏的卫生做法，帮助幼儿掌握文明、卫生的行为，对幼儿习惯的形成和素质的培养，有重要意义。

活动目标：

1. 安静倾听故事，通过故事懂得与人交往要有礼貌。
2. 积极参与情境表演，体验集体游戏的快乐。

材料准备：图书、图片、动物头饰。

活动过程：

一、出示图片，引起兴趣

师：今天，我们请来了许多动物朋友，看看它们是谁？请跟它们打个招呼吧！

过渡：小狗、河马还有大象表示感谢，小朋友们真有礼貌。

二、分段引出，理解儿歌

（一）小狗打喷嚏

师：小狗在干什么？它的朋友可能会是谁呢？

师：可是小狗鼻子痒痒的，发生了一件什么事呢？

（二）河马打喷嚏

师：河马生活在哪里？它的朋友可能会是谁呢？

师：可是河马鼻子痒痒的，发生了一件什么事呢？

（三）大象打喷嚏

师：大象的朋友可能会是谁呢？为什么？

师：大象的鼻子也痒痒的，它是怎么打喷嚏的？山羊、小马为什么被吓跑？

小结：大象打喷嚏，伸长鼻子"阿一嚏"，山羊、小马被吓跑，因为喷嚏里有细菌，很不卫生……

（四）宝宝打喷嚏

师：宝宝的鼻子也痒痒的，宝宝应该怎样打喷嚏？（引导捂鼻和嘴、轻声）

师：宝宝为啥要捂住鼻和嘴呢？

小结：宝宝打喷嚏，捂住鼻和嘴"阿一嚏"，声音轻轻，朋友夸。

（五）完整听赏儿歌

师：刚才老师把小动物和宝宝打喷嚏的事编成了一首儿歌，儿歌的名字叫《打喷嚏》。

小结：我们要学儿歌中的谁？朋友会夸我们什么呢？那我们一起来做一个讲卫生、有礼貌的好宝宝吧！

三、操作运用，掌握方法

请幼儿取手帕或餐巾纸，边听儿歌（最后一句），边学做捂鼻的动作。教师观察与纠正幼儿的捂鼻姿势。

小结：刚才，我们学会了一样很有用的本领，以后碰到要打喷嚏的时候，要学着使用哦！

活动反思：

活动利用形象的图片帮助幼儿理解、记忆儿歌，效果良好。儿歌中的小动物深受幼儿喜爱。通过活动，幼儿不仅知道打喷嚏的时候鼻涕、唾沫到处乱飞，细菌也跟着鼻涕和唾沫飞出来了，会传染给别人，很不卫生，还学会了儿歌。幼儿也都知道了正确的打喷嚏方法，预设目标基本达成。当然，卫生习惯的养成不是一蹴而就的，需要我们随时随地提醒幼儿，督促他们养成良好的习惯。

红绿灯眨眼睛（小班）

张燕萍

活动背景：

在《小司机》主题开展过程中，小班孩子由于年龄小，缺乏生活经验，自我保护能力和安全意识较差，因此，对孩子进行交通安全教育是非常有必要的。那么，如何才能深入浅出地让孩子懂得一些基本的交通规则呢？《红绿灯眨眼睛》就是这样一本能让孩子在开怀大笑中了解一些交通安全常识的绘本图书。

活动实录：

在开展《红绿灯眨眼睛》活动之前，为了能让孩子亲身体验从而获得经验，我组织他们一起收集小汽车模型，有消防车、翻斗车、吊车还有警车等。孩子们对各种各样的车有很大的兴趣。

在活动开始，我以谜语导入："有个巨人真神气，圆圆三只大眼睛，十字路口眨眨眼，它的命令要执行！""我知道。"我一说完谜语，伊伊就回答道，"是红绿灯。""为什么是红绿灯呢？"我追问。"红绿灯，有三个灯，可以指挥交通。"伊伊解释道。在活动的结束部分，我给小朋友设置了一个困难："如果我们的生活中没有红绿灯会怎么样呢？"孩子们七嘴八舌地讨论："那我们的车会越来越多，都不能开车了。"祺祺小朋友说："那样会撞车的，很危险的。"顺势，我在电脑上出示红绿灯出故障了的PPT：十字路口一片混乱，汽车谁也不让谁，大家寸步难行。这时，我提出问题："红绿灯坏了，那怎么办呢？"凡凡说："找人把红绿灯修好，就好了啊！"我就追问："可是，不能够马上修好，马路上这么乱，还有什么好办法吗？"这时九儿举手说道："警察叔叔可以来帮我们。"然后我们观看了交警指挥交通的视频，知道没有红绿灯的时候，我们要听从交通警察的指挥。这下，孩子们都知道了红绿灯的重要性。

接下来，我们开始了游戏《我会过马路》，孩子们一边开自己的小汽车，一边嘴里嘟囔着："红灯停，绿灯行，黄灯亮了等一等。"游戏结束了，还意犹未尽，"老师我还要玩。"

活动反思：

《幼儿园教育指导纲要》中指出，幼儿园必须把保护幼儿的生命、促进幼儿的健康放在工作的首位，同时还强调要结合幼儿的生活进行安全教育，提高幼儿的自我保护能力。本活动的设计让幼儿在轻松愉快的情境化模拟游戏中知道红绿灯这一交通信号的作用。在进行身体动作时，让幼儿应用多种感官，获得具体体验，增进幼儿的安全意识。活动内容来源于生活又服务于生活。

在活动中，我以猜谜语导入活动的形式引发幼儿的兴趣，有一位幼儿猜出是红绿灯，紧接着追问："红绿灯为什么说是眨眼睛？"孩子回答很精彩："因为红绿灯一会亮了，一会儿不亮了，就像我们眨眼睛一样。"活动顺利过渡到下一环节。由于小班幼儿喜欢直观的教具，所以我给孩子们准备了红绿灯，让他们更形象地了解红绿灯的作用。活动中我还将游戏融入教学活动，让幼儿在游戏中体验红绿灯的重要性，通过看交通警察指挥交通的视频，让幼儿感知在红绿灯出故障的情况下，我们要听交警叔叔的指挥。最后在玩《我会过马路》的游戏中体验、内化在马路上要遵守交通规则，从小养成良好的社会行为。在整个活动中，幼儿积极性很高，兴趣很浓，达到了教学目的。这种游戏化的方式更加符合小班幼儿的年龄特点，孩子们一边游戏，一边学习，玩得不亦乐乎。

狼来了（小班）

凌　静

活动背景：

现今的孩子大都是独生子女，集家人宠爱于一身。大部分孩子自尊心强，好面子，不能接受批评，这就造成了一部分孩子为了逃避批评而出现说谎行为。绘本《狼来了》的故事出自《伊索寓言》，它的色彩搭配鲜明，动物形象逼真，故事虽然简单，但富有教育意义。通过故事，幼儿能明白一个浅显的道理，那就是做人要诚实。

活动实录：

我以游戏的形式开始活动，在游戏中，幼儿的活动兴趣被充分调动起来。我问幼儿："小兔子听到大灰狼来了，为什么要躲起来？"有的说："因为大灰狼很凶的。"有的说："大灰狼要吃我的。"……幼儿在潜意识中形成了坏狼的形象，知道看到狼要避开。

在第二个环节，我请幼儿带着问题自由翻看绘本《狼来了》。"这个小男孩怎么了？让我们从故事书里找一找。"于是幼儿开始翻阅绘本，在看完书后我出示PPT，提问："这个小男孩怎么了？"辰辰说："小男孩哭了。"我进一步追问："你觉得他为什么会哭呢？""因为大灰狼追他。"

第三个环节，我和幼儿一起欣赏故事《狼来了》。讲到第六幅PPT时，我提问："农民伯伯为什么生气了？""因为这个小男孩骗人。"我继续追问道："怎样的孩子是诚实的孩子？"有的说："不能骗人。"有的说："不撒谎的孩子。"在出示第七幅PPT时我问道："这次农夫们还会来救他吗？为什么？"

因为有了第一次的经验，孩子们出现了不一样的意见，有的说："会的，不救的话小男孩会被吃掉的。"有的说："不会，因为小男孩骗人的。"在看最后一张 PPT 时，我问："你们喜欢这个小孩吗？为什么？"幼儿一致表示不喜欢。

第四个环节是社会行为实践环节。让幼儿通过观看视频辨别是非，了解生活中哪些行为是诚实的行为，哪些是不诚实的行为。所有的孩子都能正确地分辨是非，同时了解到：如果我们做错了事情，不能说谎，应该主动承认，及时改正，这样才是一个诚实的孩子，大家才会喜欢你。

活动反思：

《狼来了》主要讲了一个小男孩在放羊时，连续两次对着人群大喊"狼来了"，欺骗了农民的感情，后来狼真的来了，没有人再去帮助他。绘本情节简单，色彩丰富，语句简短朗朗上口。绘本第一眼看来就引人注目，大灰狼张着血盆大口，小男孩哭着逃跑，一张简单的画面引起了孩子们探究的兴趣。

游戏是幼儿喜欢的活动，我用游戏的形式开始活动，希望以此激发幼儿参与活动的兴趣。在说到"大灰狼来了"时我插入了一段"紧张"的背景音乐，听着音乐，幼儿体验了紧张的情绪，加深了对"坏狼"的感知。

第二环节，出示绘本的最后一页，用设置悬念的方法激发幼儿阅读寻找答案的欲望。对于小班幼儿来说，他们阅读绘本只是对图片进行简单观察，只有夸张的画面才能引起幼儿的关注。幼儿在阅读的过程中，对大灰狼张着血盆大口追着小男孩跑的画面印象深刻，在之后回答小男孩为什么哭时，都能说出是因为大灰狼要吃他。

在集体阅读部分，幼儿对于农民是否会救小男孩的问题进行了两次讨论，每一次都会有不同的意见，有的说救，有的说不救，并说明了各自的理由，体现了幼儿善良的一面。在活动中，我发现幼儿已经具备了简单的是非观念，他们明确了什么是对，什么是错，但面对说谎的小男孩时，部分幼儿表现出了他们善良的一面，表示还是要去救小男孩。

在社会行为辨别环节，我事先录制了三个生活中的小视频，让幼儿辨析哪些是诚实的行为，哪些不是诚实的行为，幼儿能很快地分辨对错，对于错误的行为积极想出补救的方法。借助这个环节，我想引起幼儿对身边小事的关注，时刻牢记要做一个诚实的孩子。

诚实，是作为未来社会建设者的孩子必备的良好性格特征，诚实品质的养成有益于幼儿一生的成长。通过这次活动，幼儿辨别是非能力得到了提高，明白了说谎是一种不好的行为，它既不尊重别人，也会失去别人对自己的信任。

微笑（中班）

陆　夏

设计思路：

俗话说："笑一笑，十年少。"可见笑对于我们来说是一件非常有益的事情。笑不仅对身心有益，更是一种礼貌的体现。"笑"有助于克服胆怯心理，让我们变得自信；"笑"有助于我们适应环境，乐观对待生活。我们的孩子现在对待陌生人、不熟的人容易表现得冷漠。为了让孩子更好地适应环境，更好地融入陌生的群体，我设计了这个"微笑"活动。

活动目标：

1. 通过各种表情对比，让幼儿感受微笑是最美的表情。
2. 让幼儿知道微笑是尊重别人的一种表现，微笑可以给别人带来好心情。

材料准备：各种表情图片，幼儿人手一面镜子、一张画纸、一支笔，音乐《笑一个吧》。

活动过程：

一、导入活动

1. 出示没有嘴巴的娃娃脸庞，引导幼儿观察、讨论，引入话题。

2. 关键问题：

师：这个娃娃是不是有些奇怪，奇怪在哪里？

师：缺了一张嘴巴，想想如果你给她安装一张嘴巴，会装一张什么样的嘴巴？

师：你能不能试试用笔给娃娃画一张嘴巴？

总结：大多数幼儿给娃娃画了一张在微笑的嘴巴，因为我们也喜欢微笑。

二、不同的表情

师：分别出示各种不同的表情，说说这些表情能告诉我们什么。

师：你最喜欢什么表情，你会学一学吗？

师：你最喜欢什么表情，为什么？

总结：微笑是最可爱、最美的表情。

三、游戏：《猜一猜》

出示图片脸庞的上半部分，让孩子猜猜下半部分会是什么表情。

师：什么环境中，我们可以用微笑面对大家？

四、律动：《笑一个吧》

活动反思：

活动环节能够激起孩子的兴趣，比如说给没有嘴巴的娃娃添画一张嘴巴，通过这个环节来了解孩子喜欢什么样的表情。大多数孩子都在预设中喜欢微笑，都画了个笑脸，说明孩子对微笑还是非常渴望的。第二、第三个环节是重难点，让孩子在认知与游戏中对微笑有更多的认识与情感的体验。

在这个过程中，孩子都体验到了微笑的快乐，但是我的第二个目标是"知道微笑可以给别人带来好心情"，这一点我在环节设计中没有牵涉很多，目标达成度不高，还需另外修改。

自我介绍（中班）

高　燕

设计思路：

随着交往范围的扩大，中班幼儿接触的朋友越来越多，学会清晰地自我介绍，会给他人留下好印象，会帮助自己交到更多的朋友，受到更多人的欢迎。另外，自我介绍也能提高幼儿的语言能力，能让孩子的自信心得到提升，让他们学会大胆地应对各种挑战。

活动目标：

1. 愿意用简单的连续句式，自信地进行自我介绍。
2. 体验"找朋友"游戏的快乐。

材料准备： 幼儿进行自我介绍的视频。

活动过程：

一、导入活动

师：小朋友们，当你去参加好朋友的生日派对，发现有很多你不认识的新

朋友，你会用什么方法让新朋友很快认识你，成为你的好朋友？（自我介绍）

二、基本部分

（一）你知道怎样进行自我介绍吗

（幼儿讨论）

小结：自我介绍时，首先要告诉对方你的姓名和年龄，其次可以告诉对方你就读的学校和班级，最后可以将你的本领和兴趣爱好介绍给大家。

（二）示范自我介绍

1. 示范自我介绍的方法："我叫某某，今年 4 岁了，是福山同乐幼儿园中三班的小朋友，我喜欢旅游、看电视，我会唱歌、跳舞、画画，希望大家能和我成为好朋友。"

2. 提示：

（1）自我介绍时，幼儿站姿应端正，声音应洪亮。

（2）当幼儿在进行自我介绍时，其他幼儿应保持安静，眼睛要看着自我介绍的小朋友，倾听小朋友讲的内容。

3. 一起唱《找朋友》的歌曲，等音乐结束，两位小朋友就要结成对子，并互相用"我叫某某，今年几岁，是某某幼儿园中几班的小朋友，我喜欢……我会……希望大家能和我成为好朋友"句式，进行自我介绍。

4. 幼儿两两结对进行自我介绍。

（三）结束部分

1. 做"对和错"游戏

（1）老师播放四个视频。

第一个视频：一位小朋友在演节目前能大胆地向大家介绍自己。

第二个视频：一位小朋友转到了新的班级，他很啰唆地介绍自己。

第三个视频：一位小朋友在自我介绍时，忘了说自己的姓名。

第四个视频：一位小朋友在向别人介绍自己时，把头扭向别处。

（2）教师请幼儿讨论：视频中的四位小朋友，哪位做得最好，为什么？其他三位小朋友为什么需要改正？应如何改？

活动反思：

清晰地进行自我介绍，往往能给他人留下有礼貌的好印象，在今天的活动中，幼儿都做到了。他们能在同伴面前大胆地介绍自己，能正确地说出自己的姓名和年龄，以及就读的幼儿园全称和班级，还能完整地向同伴介绍自己的兴趣爱好，能告诉大家自己的特长，让同伴们更加喜欢他（她），愿意和他（她）成为好朋友。为了达成活动目标，我在开始部分组织幼儿进行了讨论，让他们说说自我介绍的方法，然后由我进行示范，提示自我介绍时的注意点，最后再让幼儿尝试做自我介绍。为了让幼儿更加投入，我设计了游戏"找朋友"和"纠错"，让幼儿在感兴趣的游戏中大胆熟练地介绍自己，并做到语言完整流畅，表情自然大方，不漏掉重要的因素。

我是轻轻（中班）

左 慧

设计思路：

在许多时候，我们发现孩子们做事会发出很大的声音，比如，走路踩得地板咚咚响，朋友间交流会越说声音越大，甚至还会发出叫喊声……针对孩子们出现的这些不良行为，结合园本礼仪课程的内容，我预设了本次活动，旨在让幼儿通过观看情景表演，参与讨论，懂得做事要轻轻，不影响别人，逐步养成良好的行为习惯。

活动目标：

1. 通过情景表演懂得做事要轻轻，不妨碍别人休息。

2.激发幼儿爱爸爸、爱妈妈的情感。

材料准备： 一个佳佳家的模拟场景。

活动过程：

一、情景表演

1.问题导入，引起幼儿注意。

师：这是谁的家？她的家里有几口人？她们一家在做什么呢？

2.幼儿观看哑剧表演。

师：老师请你们看表演"妈妈起床了"。（重点突出动作"轻轻"的夸张）

3.讲讲观看后的感受。

师：哑剧中的妈妈在做什么？她做了哪些事情？

（妈妈起床后叫醒了佳佳，然后做早饭……）

师：妈妈是怎么做的呢？

（妈妈是轻轻地做事情的，妈妈的动作很轻很轻。）

师：妈妈和佳佳为什么做事要轻轻的呢？

（她们这样做是不影响爸爸睡觉，这样做可以不妨碍爸爸休息。）

小结：原来妈妈和佳佳做事轻轻，是为了不影响爸爸休息。这里有一首好听的儿歌，说的就是妈妈和佳佳的事情，我们一起来听听。

二、完整欣赏，参与表演

1.教师有感情地朗诵儿歌《轻轻》。

2.幼儿学念儿歌。

小结：我相信你们也会像妈妈和佳佳一样关心他人，做事轻轻。

三、扩展讨论

师：生活中，还有什么时候也要我们做事情轻轻呢？

师：做事轻轻是好习惯，是不是做每一件事情都要轻轻的呢？

（上课一个人回答问题的时候，声音就要响亮。）

师：生活中有这么多的事情是要轻轻做的，那怎样来提醒大家，让大家一看就明白呢？今天我就请你们来做小小设计师，大家一起来设计"轻轻"的标记，把它贴在合适的地方。

四、延伸活动：师生共同制作"轻轻"的标记

活动反思：

环境是无声的老师。本次活动中，我根据中班幼儿的年龄特点，有意识地创设了一个好的教育环境——"佳佳的家"。温馨、可爱的家深深地吸引了孩子，为他们学习礼仪提供了良好的氛围。在整个活动中，我设计的提问总是围绕着"轻轻"来展开，并能及时地加以梳理、提升，让幼儿懂得做事轻轻、不妨碍别人的道理。活动中，我提出了一些开放性的问题，如：生活中还有哪些事情也要轻轻做？是不是每件事情都是轻轻做好呢？并能关注孩子已有的生活经验，以观看情景表演、讨论等手段，形成生生、师生之间宽松、和谐的自由讨论氛围。

活动针对生活中一些不良现象，如孩子吵吵闹闹上厕所、吃饭大声聊天等，及时引导讨论，让孩子明白要做事"轻轻"，不能影响别人。活动最后，设计"做标记"环节，目的是想通过环境起到教育的暗示作用。老师事先做好几个标记，引导孩子观察哪些地方也需要"轻轻"的提示，使活动延伸到生活中，促使孩子更好地理解、迁移。

多嘴的八哥鸟（中班）

刘丽珍

活动背景：

《多嘴的八哥鸟》讲述的是一只八哥鸟被小黄莺夸奖真会说话之后，开始自满，不论别的小动物在干什么都要插上一句，影响同伴游戏，因此小动物们都不理睬八哥鸟了。后来八哥鸟知道自己错了，不再乱插嘴，大家还是成为好朋友的故事。中班幼儿年龄特点表现为：愿意主动发表自己的观点，但是在大胆表达的同时，显然还忘记了要遵守集体规则，这不但影响了课堂秩序，而且对孩子们的礼仪行为培养也是不利的。《课程指南》中将幼儿的倾听习惯作为培养目标之一，可见，倾听是集体生活中需要培养的规则之一。《多嘴的八哥鸟》这一故事其中就隐含了这样的教育意义。

活动实录：

活动一开始，我问孩子们什么是"多嘴"，有的孩子说："多嘴是打断妈妈说话，妈妈说我多嘴。"有的说："多嘴是我说话的时候，她也说话。"看来孩子们对多嘴还是有所了解的。

我们一起听听故事里的八哥鸟，它什么地方"多嘴"了？听完故事后，孩子们争先恐后要回答，有的说："八哥鸟在小朋友做游戏的时候，告诉小伙伴在哪里，多嘴了。"有的说："八哥鸟不遵守游戏规则。"在听完故事之后，孩子们基本了解了故事内容，但说的不是很清楚。接着我们根据孩子们的"学习路径"展开每一个片段，以进一步了解八哥鸟在哪些地方多嘴，并让幼儿说说应该怎么做。

然后联系生活环节，提问："小朋友在一起时，还有哪些时候不能'多嘴'呢？"小龙胆怯地站起来，吞吞吐吐地说："我也爱插嘴，跟八哥鸟一样，你们是不是也不愿意和我玩啦？"听了这话，我让小朋友说说他们的意见，后来小朋友们总结说："只要你改掉这个坏毛病，我们大家都愿意跟你做朋友。我们大家都会帮助你改掉坏毛病的。"小龙听了后点了点头。

最后游戏环节"猜猜我是谁"，虽然孩子都知道玩游戏应该遵守游戏规则，也不应多嘴，但有些幼儿还是会忍不住告诉小伙伴。

活动反思：

　　"插嘴"这种行为无论在家庭还是在幼儿园都很常见。家长和同事说话，有些孩子喜欢插嘴；老师在上课，有的孩子也喜欢插嘴。整个活动下来后，小朋友们都知道八哥鸟爱插嘴是不好的行为，小伙伴为此而不愿与它交朋友，目标达成度还是很好的。

　　活动中 PPT 的制作是一大亮点，教师根据故事情节将图片制作成动画，并将故事中的对话录制成音频，整合在 PPT 中，惟妙惟肖地表现了故事内容。这无疑给活动带来一个很大的助推作用，为活动的开展奠定了良好的基础。

　　在完整讲述故事环节，教师并没有结合任何的图片，而是用自己的语言有声有色地讲述，孩子们听得很仔细，并没有因为没有图片而开小差，这样有助于帮助孩子养成认真倾听的习惯。紧接着提问环节，让孩子回忆故事的内容，我结合了幻灯片，根据故事的内容做了链接，让孩子学学故事中的对话，用说一说、演一演的方式吸引孩子的注意力，帮助孩子理解故事内容，效果较好。

　　第三环节，联系生活中的插嘴现象，这个环节如果能预设一些情境，把平时孩子乱插嘴的现象，拍成小片段，再让孩子说一说该怎么做，可能更有利于孩子"知行统一"，而不是空洞地说说而已。

　　用心倾听，不去粗鲁地打断别人或随意插嘴，是每一个孩子应有的良好素养。培养孩子良好的倾听习惯，我们将需要一直努力。

礼仪歌（大班）

🍃 王霄文

设计思路：

　　幼儿礼仪教育应该在"一日活动"中渗透。由于大班幼儿情感的稳定性和有意性不断增长，我们可以加强规则意识培养。如果能够引导幼儿把不同场合应遵循的礼仪规范融会贯通，做到活学活用，这对于大班幼儿来说是非常有意义的。

大班幼儿创作欲望比较强烈，愿意尝试新鲜事物，因此我便以"说唱"这种有趣的音乐表现形式，通过听听、唱唱、试试，引导幼儿创编礼仪歌谣，从而加深幼儿对不同场合应遵循的礼仪规范的理解。在活动中，让幼儿体验与同伴合作创编礼仪儿歌的快乐。

活动目标：

1. 尝试运用说唱形式，创编礼仪歌。
2. 体验与同伴合作创编儿歌的快乐。

活动过程：

一、激发兴趣

1. 欣赏歌曲《入园礼仪歌》

师：我们都是有礼貌的孩子，今天我们来欣赏一首《入园礼仪歌》，听听这首歌和平时我们听到的歌曲有哪些不一样？

2. 引出说唱形式

师：这首歌和我们平时听到的歌曲有什么不一样？最大的不同在哪里？

小结：这首歌不像是唱的，更像是说的，像念儿歌一样，这种形式的歌叫"说唱"。

二、探索规律

1. 播放 PPT

师：这样的歌你们以前唱过吗？今天我们也要来唱这样的歌，唱什么呢？（播放 PPT"打电话"）怎样打电话是有礼貌的？

小结：声音要轻，又有礼貌，不能在人家休息的时候打电话。

2.引导示范

师：你们说得真好，现在老师把你们说的表演出来，听听我的歌里说了些什么，看谁记的歌词多。（小朋友，打电话，轻声问好，有礼貌，呦呦，有礼貌）

师：说说你们听到了什么？

播放 PPT，六句话按照幼儿回答点出。

师：我们都记住了，但是这毕竟是在唱歌，和平时说话还是不一样，所以我们还是要有节奏地把这些歌词念出来。怎么样，你们要不要试试？

师：轻声问好，表示打电话要有礼貌，除了这四个字，还有哪四个字也可以表示打电话有礼貌呢？

3.出示节奏图谱

引导幼儿观察节奏图片，鼓励幼儿大胆尝试（一遍）。

师：你们最喜欢歌里的哪一句？

师：这两句话有什么特别的地方？（有礼貌）节奏一样，歌词一样，我们就说它是一模一样。

三、尝试创编

1.讨论交流

师：除了打电话要有礼貌，还有做哪些事情的时候，我们也要有礼貌呢？

幼儿自由选择 PPT 中的一幅图片，尝试创编。

途径一：走楼梯。

怎样走楼梯是有礼貌的？（靠右边、扶好栏杆、一个一个跟着走……）

师：谁能够按照节奏，把图片中的问号唱出来？（怎么走呀，怎么样，呦呦，怎么样？）

2.幼儿尝试表现走楼梯场景。（可以请幼儿两两表演）

3.途径二：去做客；途径三：玩玩具；途径四：过马路。根据幼儿选择，教师引导幼儿创编相应场景的歌词。

四、分组创编

1.引导幼儿自由分组创编其余不同场景的图片，教师在旁指导。

2.分组表演。（表演前教师应提出相应要求）

五、表演延伸

根据不同速度表演礼仪歌。

活动反思：

活动开始部分，欣赏说唱《入园礼仪歌》，孩子们对于这首歌的形式，非常感兴趣，有的幼儿说歌里面都是小朋友的声音，有的幼儿直接说出这首歌里面只有说没有唱，由此引出小结：这首歌是说的，像念儿歌一样，可见说话对这首歌有多重要。从而揭示本次活动的重点，为下一环节做好铺垫。

第二个环节，请孩子们探索"说唱"规律，为创编做好准备。选择"打电话"这一图片，引导幼儿回忆打电话时应注意的礼仪。由于"打电话"来自幼儿的生活经验，孩子们回答非常丰富，根据大家的回答，引出第一段儿歌："小朋友，打电话，轻声问好，要牢记，呦呦，要牢记。"并激发幼儿的表演欲望。通过鼓励幼儿大胆表现，找出儿歌的规律：第四句和第六句是相同的，"说唱"最重要的要有代表情感的语气词，同时还要根据节奏，把歌词唱进去。有了歌谣结构解读，孩子们基本能够理解"说唱"这一音乐形式的简单规律，并能模仿出来。

接着我请孩子们想想除了"轻声问好"这四个字能够表示打电话有礼貌，还有哪四个字能够表现打电话的礼仪呢？这是孩子们对日常生活经验的再现，也是本次活动的重点、难点。一方面要让幼儿知道，这句节奏只能以四个字表示，另一方面要把拨打电话的礼仪用四个字概括，对孩子们来说挑战性非常大。因此在幼儿回答时，需要帮助其进行归纳，以减轻压力，从而活跃他们的思维。第一次接触这样的形式，孩子们开始时还有些胆怯，但是经过几位幼儿的大胆尝试，其他孩子也都跃跃欲试。

第三个环节，请孩子们继续思考，生活中还有哪些事情也需要我们非常注重礼仪呢？回答也是丰富多彩的：坐地铁：先下后上；去做客：带好礼物；吃饭：吃干净……随着孩子们的回应，我出示四幅场景：上楼梯、去做客、玩玩具、过马路，请幼儿自由分组创编礼仪儿歌。创编前，我提出要求：歌词动作要一致，呦呦，要一致！有了前面的尝试，孩子们对于创编礼仪歌已经相当熟练了。

四组幼儿饶有兴趣地创编、表演，为了提高兴趣，我请孩子们自由选择不同节奏速度，挑战自己的说唱本领，这样孩子们练习的积极性更高了。

本次活动形式新颖，流行元素与礼仪活动相结合，激发了幼儿的活动兴趣。环节清晰，精彩演绎每个环节，由浅入深地引导幼儿接触"说唱"这一有趣的音乐表现形式，并尝试表现。在创编过程中，体验不同场合应遵守的礼仪规则，实现了预设活动目标。

当然活动中还存在一些不足，如在引导幼儿挑战节奏快慢时，教师可以引导幼儿自己观察 PPT，然后播放不同的音乐速度，让孩子们自己选择不同难度的挑战。

上学不迟到（大班）

季　敏

设计思路：

班上有些孩子没有时间观念，每天都要迟到，跟家长几次交流同样的问题，要求他们督促孩子早点入园，可是都无济于事。家长的反馈是：孩子爱睡懒觉，怎么叫都不起床；孩子性子太慢，做事不着急，我们也没办法。孩子这边呢，迟到也都有理由的，有的怪奶奶穿衣服太慢，有的嫌妈妈的早饭做得不好吃，所以吃得慢，各种理由都有。希望通过《上学不迟到》活动帮助孩子找到并且改正自己身上的缺点，做个守时、不迟到的小学生。

活动目标：

1. 了解经常迟到的根本原因是什么，寻找不迟到的办法。
2. 争做一名守时、不迟到的小学生。

材料准备： 男孩玩偶一个、图片、准时卡。

活动过程：

一、交流分享

1. 问题引入，引起兴趣

师：你们知道什么是迟到吗？

（鼓励幼儿回答、交流）

师：你们上幼儿园会迟到吗？为什么会迟到呢？

小结：有的小朋友有时会迟到，有的小朋友经常会迟到。有的是因为感冒了去看医生所以迟到了，有的是因为吃早点太慢迟到了，还有的是因为其他的原因迟到了。

二、理解故事：《不是我的错》

过渡：有一个小朋友，他也经常会迟到，我们听听他的理由。

教师一边演示玩偶，一边讲述：他的名字叫嘟嘟，他上学经常会迟到。老师问他，他就说："不是我的错。"是不是嘟嘟的错呢？我们来听一听。

1. 教师讲述故事从开头至"嘟嘟涨红了脸，不知该怎么说"。并提问：

（1）故事刚开头，老师为什么问"嘟嘟，你怎么又迟到了"？（因为嘟嘟经常迟到）

（2）嘟嘟是怎么回答老师的？（不是我的错，是妈妈骑车太慢）

（3）第二天、第三天，嘟嘟仍然迟到，他又是怎么说的？他说是谁的错？（他都说不是自己的错，要么是妈妈不好，要么是爸爸的错，要么是闹钟的错）

（4）听了嘟嘟的话，同学们为什么都笑起来？嘟嘟为什么涨红了脸？

师：那你们认为这究竟是谁的错呢？

小结：上学经常迟到，是因为嘟嘟起得晚、动作慢，不是爸爸妈妈不好、闹钟不好。我们要敢于承认自己的缺点，不能什么事情都怪罪于别人。

2. 继续听故事，老师对嘟嘟说了什么呢，我们一起来听一听：老师弯下腰来，对嘟嘟说："自己早点起来，动作快一点，这样就不会迟到了。"

提问：嘟嘟听了老师的话，他会怎么做呢？他这样做了以后，还会再迟到吗？

三、讨论：怎样才能不迟到

师：嘟嘟迟到的时候是低下头走进教室的，不迟到的时候，会是怎样的呢？

（幼儿讨论、交流）

师：你们马上要成为一名光荣的小学生了，怎样才能做到不迟到、开开心心上小学呢？（请每天都早早来园的孩子先介绍）

四、游戏：准时卡

让我们来玩个游戏吧。教师出示准时卡："这是什么？""表示了什么意思？"怎样才能得到这张准时卡呢？请幼儿说说具体的做法。

活动反思：

本次活动主要以故事为载体，让幼儿知道迟到是一种不文明的表现，将迟到的理由归咎于他人更是不对。现在大班的孩子正处在幼小衔接的特殊阶段，在这个阶段是要为上小学打好基础的，而幼小衔接的关键不在于教孩子多少知识，而是培养孩子良好的生活习惯和学习习惯，这样才能为他们的小学学习生活做好准备。《不是我的错》这个故事非常贴近孩子的生活，孩子们很容易理解故事的意义。通过这次活动，孩子能从中反思自己的行为，都乐意改掉自己的坏习惯，做一个不迟到的好学生，目标达成度高。

爱护花草树木（大班）

凌　琳

设计思路：

在本活动前，幼儿已经积累了一些经验，对幼儿园里的树木有了一些认识和了解。在大班幼儿中开展形式多样的护绿行动，做到人人参与，从而让孩子们在活动中体验成功的喜悦，增加对植物生长的了解，增强环保、生态意识，可以达到为班级、幼儿园增添绿色，净化、美化环境的目的。在活动中，老师也可以尝试和孩子一起讨论，将计划付诸行动，并让幼儿在活动中不断发现问题，和同伴一起分析问题，解决问题。

活动目标：

1. 在认识各种树的基础上，了解树的用处，能运用已积累的知识经验设计标志。

2. 萌发爱护树木、热爱大自然的情感。

材料准备： 各种大树的照片。

经验准备：

1. 事先已经带孩子们认识过幼儿园里的大树。

2. 已经学习过诗歌《树真好》。

活动过程：

一、周围的树

（出示汉字"树"）

师：你在哪里看见过树？

小结：在马路边、公园里、小区里、小河边都有树，我们生活周围到处都有树。

（这个环节，孩子们的表述基本上是经验的回顾，所以都可以围绕中心来进行）

二、幼儿园中的树

师：你们知道幼儿园中这些树的名称吗？

（桃树、柳树、冬青树、杉树、罗汉松、黄杨、垂丝海棠……）

小结：幼儿园里有许多树，这些树到底有什么用呢？

三、树有哪些用处

和幼儿共同讨论树的用处：防风沙、制造新鲜的空气、美化环境、制作家具、造纸等。

小结：大树可以帮助我们，它真是我们人类的好朋友啊！

四、保护我们的树朋友

1. 讨论：如何让大家都能来爱护这些小树？

2. 制作护绿公益标志。

（1）分组设计标志，教师巡回指导。

（2）鼓励幼儿利用已有的经验制作标志。

五、把设计好的标志投放到需要的地方

小结：树真好，所以我们要关心、爱护它，幼儿园的树多了，幼儿园就更美了。

六、延伸活动

1. 回家后认养照料小树苗，每天为小树苗浇水、除草、清除垃圾。

2. 为小树做身份证，做好观察记录。

3.将自己制作的宣传单分发给周围的居民，倡导护绿爱绿的意识。

活动反思：

本次活动开展很顺利，借着3月12日"植树节"这个节日对幼儿进行植树、护绿教育。通过之前《树真好》集体活动，幼儿对于树木的作用有了深刻地认识，在画宣传海报时，幼儿画了自己护绿的想法。活动当天，原本想让幼儿将自己制作的宣传标志和海报分发给路人，因此幼儿的设计激情高涨，但是由于天气关系没能分发出去。很多幼儿在当天离园回家的路上也没忘将自己的海报送给路人，说明保护花草树木的意识已在他们幼小的心灵中扎根。

几天后，利用中午散步时间，曾组织幼儿做一回护绿小卫士，将幼儿园里的树下草地上的垃圾捡起来扔到垃圾桶内。现在每当餐后散步，他们都会问："老师，今天可以做护绿小卫士吗？"面对他们一张张真诚的脸庞，我觉得护绿这件事已经在孩子们的心里生根。

我是环保小天使（大班）

季 敏

活动背景：

本学期，我们班开展环保教育主题，因此一开学就制定了相关计划。通过挖掘家长资源开展了"我们只有一个地球""空气变脏了"等活动。"垃圾越来越多"活动中，孩子们表现得非常感兴趣，都在说"垃圾的来源""垃圾的种类""垃圾的用处"等话题。在本主题的第二次活动后，我们都弄清楚了垃圾的来源时，他们的兴趣还颇浓，我想也许是这个主题和孩子们的生活很贴近，经验较丰富，当然学习起来也很容易。在孩子们身边挖掘有价值的教育才是最好的教育，因此我就设计了本次活动，借助的是绘本《我是环保小天使》这一载体。本书通过生活中遇到的垃圾处理问题提出困惑，通过提问、思考，帮助孩子不断积累垃圾分类的经验。在书里，最聪明的壮壮哥哥将带着图图学习垃圾分类，图图不但学会了怎样区分厨房垃圾、可回收垃圾、有害垃圾和其他垃圾，而且图图这个爱动脑筋的小朋友还无师自通地学会了回收再利用，勇做环保小卫士。让孩子们在活动中提升原有经验，从而获得智慧和成长。

活动实录：

本次活动，孩子们都能积极地参与到活动中来，作为导入环节，一开始我让幼儿通过阅读绘本，了解我们居住的地球现在变得越来越脏，其实和我们自身有很大的关系，因为很多人到处乱扔垃圾，不懂得垃圾要分类处理。通过讨论"图图把垃圾分成爸爸的垃圾、妈妈的垃圾、图图的垃圾"这种方法是不对的，从而引导孩子们对垃圾分类的正确认识，最终确定了我们可以将生活中的垃圾分成厨房垃圾、可回收垃圾、有害垃圾和其他垃圾。

在确定了垃圾分类的基本方法之后，我又在活动第二环节重点引导幼儿对可回收垃圾和不可回收垃圾进行归类，让孩子们在游戏中了解生活中的垃圾，体验垃圾分类的作用。当我出示"可回收"标志的时候，大多数孩子都表示没见过、不认识，有个别孩子反映在小区里看到过，爸爸妈妈告诉过他这标志的意义。在设计"不可回收"标志的时候，好多孩子表示可以直接在可回收标志上打上叉叉，这样既方便又好辨认，于是，我认同了孩子的观点。在交流讨论的时候，有的小朋友提出了要将有害垃圾分开，当问及"哪些是有害垃圾"时，孩子们说到了废电池是不能乱扔的，随意乱丢会污染土壤和水源。在让孩子区分哪些垃圾是可以回收的，可以用来做什么时，孩子的经验还算丰富。他们知道瓜皮果壳可以回收当肥料，报纸杂志广告单可以回收再利用等。

在最后的对可回收垃圾进行进一步分类的环节中，孩子们都有自己的想法和分法。但是由于老师提供的分类箱上都贴好了种类标签，因此，孩子们只能按照老师的分类方法进行归类摆放，大多数孩子三下两下就完成了任务。看来老师提供的材料还不够丰富，最好是人手一份，让每个孩子都有操作的机会。

活动反思：

在此次教学活动中，我从幼儿身边最为常见的垃圾入手，让孩子们懂得了垃圾给环境、地球带来的影响和危害，懂得了垃圾分类的方法，以及可回收、不可回收的区别，从而知道应养成不乱扔垃圾的良好卫生行为习惯。由于大班孩子已经积累了一定的经验，他们在生活中遇到的直接刺激，能够引发他们的间接经验。一个孩子的经验能够引起其他孩子对相关经验的回忆、联想甚至推论，所以当第一个孩子说出在幼儿园发现的某样垃圾后，幼儿的思维便总是停留在幼儿园的生活。在这里我通过及时追问，一下子将孩子的思路拓宽了。另外，在认识可回收垃圾和不可回收垃圾的环节中，我也充分发挥了孩子们互相合作、互相帮助的精神，让他们一起把垃圾重新分类，不仅获得了垃圾分类的方法，同时也锻炼了孩子的思维能力、想象能力以及合作能力，体现了在探索中学习科学知识的要领。

当然活动中也存在一些不足，比如在让幼儿理解什么是循环利用的概念时，可以借助视频或者用简单的图示进行演示，可能更利于幼儿理解。另外，在材料的提供上要考虑到不同孩子的能力发展水平，材料的提供应该满足不同幼儿的发展需要。虽然孩子们对本次活动中设置的实物分类游戏也很感兴趣，但是由于投放的材料较单一，造成能力强的孩子很快就完成了，而能力一般的孩子也没困难，因此在操作环节，幼儿的材料还需要进一步调整。

大熊有个小麻烦（大班）

沈忆雯

活动背景：

我发现，在学习习惯的养成中，孩子们最为缺失的是良好的倾听习惯，主要表现在：缺乏耐心，随意打断别人讲话；不仔细，不能正确理解别人的意思等。如果将这种不良习惯带入小学，很有可能使听课效率大打折扣，从而造成学习困难。因此，培养幼儿良好的倾听习惯非常重要。于是我找到了这本关于培养孩子倾听能力的绘本《大熊有个小麻烦》，并设计了这一相关活动，希望通过活动，让孩子养成倾听的好习惯。

活动实录：

欣赏完故事《大熊有个小麻烦》，我问小朋友："大熊有个小麻烦，它找谁帮忙了？"小朋友纷纷说出自己故事中听到的小动物，我又问："大熊的麻烦解决了吗？你怎么知道的？"桐桐说："没有，因为他还是很不开心。"我追问："大熊为什么总是不能解决麻烦呢？问题出在哪里呢？"桐桐说："大熊没有说清楚，别人没有让大熊把话说完。"我又问小朋友："为什么那么多人都没能帮到大熊，小小的蜜蜂却做到了？"小宝说："因为小蜜蜂耐心、仔细地听清楚了大熊的话。"听了小宝的回答，我小结道："要帮助别人就应当像小蜜蜂那样，耐心、仔细地听清楚别人的请求。如果自己想请别人帮忙，一定要大胆地把事情说清楚，不能像大熊那样吞吞吐吐。"

观看完录像，小朋友纷纷举手表达自己的想法，他们知道了如果不认真仔细听别人讲话就不知道别人的要求，就会造成不必要的麻烦，可见认真听别讲话很重要。

我们试着玩听说接龙"你喜欢……我喜欢……"的游戏来看我们班的小朋友能不能认真仔细地听别人讲话。小朋友们纷纷尝试游戏，玩的时候都非常认真仔细地听别人说，在复述的时候，大部分小朋友都能听清楚别人说的话，并且进行复述。

活动反思：

《大熊有个小麻烦》绘本活动通过有趣的故事，告诉孩子要清楚地说、仔细地听才能够避免麻烦，是一个教育孩子注意倾听的绘本故事，能让幼儿感悟到倾听很重要。由于大班下学期的幼儿已经具有一定的是非观念，对生活中常见的现象能够进行好与坏、对与错的简单评价，因此，幼儿能够寻找、辨别与分析哪些是好习惯。在活动的前期准备中，我要求幼儿进行好习惯的调查、记录，希望以此引导幼儿细心观察家人与伙伴的一言一行。所以我通过倾听、理解故事，将"如何帮大熊解决麻烦"这一问题作为重点问题，层层深入，引导幼儿充分感受、理解故事主人公因朋友们都缺少倾听习惯而产生的一系列麻烦。最后我结合实际生活，通过欣赏录像片段让幼儿回到实际生活中，通过发现问题从而解决问题。用游戏来考验幼儿的倾听能力，让幼儿进一步感悟倾听的重要性。当然，让孩子的点滴感悟变成稳定的习惯，培养幼儿良好倾听习惯不是通过一个活动在短时间内就能完成的，需要我们成人长期、一贯地关注与培养。

礼仪情景剧

文明车厢（小班）

🍃 季 敏

剧情概述：

    该剧主要讲述在开往福山同乐幼儿园的大巴上发生的有趣故事，通过生动的表演教育孩子要文明出行，学习乘车礼仪：乐意让座、不乱扔垃圾、不随意走动打闹等。该剧曾多次演出，获得好评，是一个比较成功的自创情景剧。

角色： 小朋友、小司机、孕妇、天使、老爷爷、时髦阿姨、舞者

背景： 车厢

道具： 椅子、方向盘、刹车档、垃圾桶、布娃娃、小书包、拐杖、小拎包

剧本

（放音乐，小司机出场）

小司机：你好，欢迎乘坐开往福山同乐幼儿园的快乐大巴。我是快乐小司机，很高兴为大家服务！（继续放音乐，做开车状，小朋友依次上场）

（孕妇上场）

小朋友：阿姨，阿姨，您请坐吧！

孕　妇：谢谢你，小姑娘！

（换音乐，老爷爷上场）

乘　客：我不想让座，坐着可舒服了，让别人去让座吧！

天　使：尊老爱幼是我们的传统美德，一个座位一颗爱心。

小朋友：爷爷，爷爷，来我这儿坐坐吧。

爷　爷：谢谢你，小朋友！

（放音乐）

时髦阿姨：阿嚏——（纸巾扔在地上）

天　使：车厢里要保持整洁，不能乱扔垃圾。

时髦阿姨：知道了，知道了，我下次再也不乱扔垃圾了。

（放江南 style 音乐，三位舞者出场）

舞者1：哥，带我们出去玩吧。

舞者2：OK！

舞者3：那我们打出租车去吧。

舞者1：可是我只有3块钱。

舞者3：那怎么办呀？

舞者2：坐公交车吧。

舞者3：车上那么多人，都没座位了。

舞者2：让我想个好办法。

舞者1：啊哈哈哈，有了。（放音乐）

（三个舞者在车厢里乱跑）

天　使：车厢里不能随意走动，要拉好扶手。（放音乐）

（急刹车声音）

舞　者：（异口同声）你，怎么开车的！

集　体：哦，原来你们也知道危险呀！（音乐）

集　体：（RAP）小朋友要记牢，上下车时队排好。上了车不乱跑，跑来跑去
　　　　易摔跤。车厢里不大叫，安安静静秩序好。有垃圾不乱扔，车厢整洁
　　　　维护好。有座位不去抢，老人小孩照顾到。讲文明讲礼貌，高高兴兴
　　　　上学校，上学校！

剧　照

懂礼貌人人爱（小班）

张美玲　陆　夏

剧情概述：

　　森林里，孔雀因为自己的美丽和优越显得孤傲。故事就发生在一次它和小猫、小狗、小兔子的野餐会上，在小猫等小动物面前，孔雀处处显得自大和不礼貌，而小猫、小狗、小兔子并没有受到孔雀影响，依然非常有礼貌并助人为乐，获得了动物们的认可。而孔雀却因此让所有的动物疏远它，在需要帮助的时候失助。后来大象告诉孔雀要懂礼貌，大家才会互相帮助。孔雀认识到错误并且改正过来，大家都原谅并且接受了孔雀。从此美丽的森林又多了一颗美丽的心。

角色与演员

孔雀：多多妈妈；绵羊：歆歆妈妈；大象：灯灯妈妈；小兔：多多小朋友；小狗：歆歆小朋友；小猫：灯灯小朋友。

旁白：杨逸舟

剧本

旁　白：在美丽的森林里，有很多很多的动物，有孔雀、绵羊、大象、小兔、
　　　　小狗、小猫，它们愉快地生活在一起。

（小猫、小狗、小兔一起手拉手快乐地跳着在台上走两圈，然后坐下野餐。）

旁　白：孔雀很美丽，因为它常常受到动物们的赞赏，所以渐渐变得骄傲自
　　　　大，整天在别的动物面前炫耀自己。

（孔雀出场，走近小猫、小狗、小兔身边看到它们在野餐，孔雀没礼貌地说）

孔　雀：喂，你们快和我一起玩。（得意地摆动尾巴说）你们看我多美丽，你
　　　　们谁的尾巴能像我这么漂亮？

旁　白：小猫、小狗、小兔并没有将孔雀的不礼貌放在心上，还是热情招呼着

孔雀。

小　兔：欢迎，一起坐吧，我今天带了好吃的饼干。

小　猫：我也带了好吃的巧克力，大家一起吃。

小　狗：你们尝尝我妈妈亲手做的蛋糕吧。

（然后三只小动物都把好吃的拿出来分给大家，大家一起吃。）

旁　白：小狗、小猫、小兔都把自带食物分给朋友们。这时，孔雀也从自己的包里拿出一大盒最心爱的棒棒糖。棒棒糖在阳光下五颜六色的，可漂亮了，看得大家直咽口水。

（孔雀自己舔着棒棒糖，并没有分给大家。）

小　猫（看着孔雀）：你的棒棒糖好漂亮，请问可以分给我们一颗吗？

孔　雀（看了一眼小猫，摇摇头）：这是我最喜欢的棒棒糖，才不舍得分给你们吃呢。

（说完赶紧将手中剩下的棒棒糖放进包中。）

小猫低下头和小狗、小兔一起玩。

旁　白：孔雀不仅不爱分享，而且别的动物有困难时，它从不乐意帮助，有时候还讽刺人家是笨蛋。今天绵羊奶奶也来公园晒太阳，可是它没有看到地上的大石头，一不小心摔了一跤。

（绵羊奶奶疼得"哎呦哎呦"叫，起也起不来。）

旁　白：孔雀看到绵羊奶奶摔倒，不但没扶绵羊奶奶起来，竟然还捧腹大笑。

孔　雀（捧腹大笑）：哎呀，哈哈哈，你好笨啊，走路都会摔跤，真是笑死我了，哈哈哈。

旁　白：小狗、小猫、小兔看到绵羊奶奶摔跤了，赶紧起身跑去扶起绵羊奶奶。

（三只小动物跑到绵羊奶奶身边。）

小　兔：绵羊奶奶，我们扶您起来，您没事吧？

小　猫：绵羊奶奶，您还疼吗？我给您吹吹。

小　狗：绵羊奶奶，您慢慢走，我们送您回去。

（绵羊奶奶起身，摸摸三个小动物的头。）

绵羊奶奶（感激地）：我没事，谢谢！你们三个真是好孩子。

旁　白：绵羊奶奶在小狗、小猫、小兔的搀扶下慢慢起身，转头看了一眼还在笑的小孔雀，摇摇头，在三个小动物的搀扶下离开。

（三个小动物牵着绵羊奶奶到舞台边，绵羊下台，另外三个小动物在舞台边。）

旁　白：时间久了，森林里的动物们都不喜欢孔雀，也不和它一起玩。

（有一天早上，孔雀想去湖边玩，可是它走呀走呀，忽然迷路了。孔雀很焦急。）

旁　白：正当它焦急时，看见对面绵羊奶奶正在吃草，它抖了抖自己美丽的尾巴准备上去问路。

孔　雀：（昂首挺胸地走到绵羊旁边，展开它那美丽的尾巴）喂！到湖边应该怎么走？

旁　白：没有人理它。

孔　雀：喂！到湖边怎么走？

旁　白：绵羊奶奶还是不看它一眼。

孔　雀（大声地叫）：喂！到湖边怎么走啊？喂！听没听见？我在问你呢！

旁　白：绵羊奶奶转过身来瞟了它一眼，没吭声，又转过身去吃草了。

孔　雀（离开，边走边说）：哼，不理我就算了，我去问别人。

旁　白：孔雀看见绵羊不理它，就甩着尾巴走了。孔雀走着走着，来到一个花坛边，看见大象婶婶正在浇花。孔雀又打算上前向大象婶婶问问路。

孔　雀（甩一下尾巴）：喂！问你一下，到湖边应该怎么走？

旁　白：大象停下浇花，看孔雀一眼，之后又继续浇花也不理它。

孔　雀（自言自语）：咦，是因为太忙了所以不理我吗？

　　　　（又大声地问）喂！到湖边应该怎么走？

旁　白：大象不看孔雀，继续浇花。孔雀看大象不理它，刚准备走，这时从远处走来小猫、小狗和小兔，原来它们今天也准备去湖边玩，可是找不到路了。小狗、小猫、小兔看见不远处大象婶婶正在浇花便上去问路。

小猫、小狗、小兔（走到大象旁边，有礼貌地问）：大象婶婶，您好！请问到湖边怎么走?

大　象（转过头来，微笑着）：你们三个真懂礼貌。喏，就顺这路走到尽头，再向左拐就到了。

小猫等（向大象婶婶鞠躬，弯一下腰）：谢谢，大象婶婶再见。然后准备离开（别走远）。

旁　白：孔雀在一边看在眼里，觉得很奇怪，为什么它们问路，大象婶婶就马上告诉呢?

孔　雀（自言自语）：为什么小猫、小兔、小狗一问它就回答，为什么它不告诉我? 不行，我要去问问看!（孔雀追到三个小动物面前）喂! 你们告诉我，为什么你们问路它就理你们，我问路谁都不理我!

小狗等（一起说）：因为我们有礼貌啊!

大　象（转过身来微笑）：刚才你不是看见了吗? 人家那么有礼貌。你呀，不懂礼貌，尽会炫耀自己，别怪人家说你，你应该懂得讲礼貌啦，大家都喜欢有礼貌的孩子!

旁　白：孔雀听了大象的话，明白了自己的错误，脸上都红了，不好意思地低下头认错。

孔　雀（低下头）：谢谢您的教导，我知道错了，我会改正的。

大　象（摸摸孔雀的头）：知错就改都是好孩子!

孔　雀（走到小兔、小狗、小猫面前，有礼貌地说）：小狗、小猫、小兔你们好，我知道错了，以后我再也不会炫耀自己，也不会不懂礼貌了，我能和你们一起去湖边玩，一起做好朋友吗?

小　兔：欢迎你和我们一起做朋友。

小狗等：欢迎你，小孔雀。（四个人牵手转几圈）

旁　白：从那以后，孔雀再也不骄傲，再也不在别的动物面前炫耀自己了，而且变得很懂礼貌，大家都喜欢和它做朋友。小朋友们，我们也要做一个"讲文明、懂礼貌、会分享"的好孩子!

（大家手拉手一起鞠躬谢幕，演出结束）

《懂礼貌人人爱》剧照

助人小天使（小班）

🍃 高　燕

剧情概述：

《助人小天使》讲述了地铁上、马路上、公园里三个不同的场景发生的礼仪小故事，通过表演告诉孩子要遵守公共生活礼仪以及助人为乐的相处之道。该剧是师生、家长自编自演的一次新尝试。

人物： 爸爸、妈妈、宝宝、孕妇阿姨、老奶奶、小朋友

道具：

1. 手机、妈妈爸爸的上班包包、气球、旅行包包、爆米花。

2. 老奶奶、孕妇、小熊等角色服装。

3. 音乐、课件。

剧本

第一幕：在地铁上——主动让座

播放音乐及背景课件《在地铁上》进场。

爸爸、妈妈、宝宝在地铁上，妈妈和宝宝对话，给宝宝讲窗外建筑等。

（孕妇阿姨上车了。）

宝　宝：爸爸妈妈，大肚子阿姨上车了，我们给她让座吧？

爸爸妈妈（微微笑齐声说）：好的！

宝　宝：阿姨，请坐！

孕　妇：谢谢你，小朋友，你真是个有礼貌的好孩子！

三人（齐声说）：不用谢，这是我们应该做的。

第二幕：在马路上——助人为乐

播放马路上的背景声音与课件《在马路上》。

爸爸、妈妈、宝宝准备过马路，三人做手拉手准备过马路的样子。

（一位老奶奶晕倒了。）

宝　宝：爸爸妈妈，老奶奶摔倒了，我们快把她扶起来吧？

爸爸妈妈：好的！

宝　宝：老奶奶，你没事吧？（扶起老奶奶）

老奶奶：谢谢宝宝，我没事了，刚才有块小石头绊到我的脚了。

宝　宝：老奶奶，我们扶您过马路吧！（和爸爸妈妈一起扶着老奶奶）

老奶奶：谢谢！谢谢！你们真是热心肠的大好人！

第三幕：在公园里——助人为乐

播放优美的音乐。

宝宝拿着气球，爸爸妈妈背着旅行包，吃着爆米花，做出逛公园的样子。

（小熊迷路了）

宝　宝：爸爸妈妈，小熊这么着急，一定是迷路了，我们帮帮它吧？

爸爸妈妈（微微笑齐声说）：好的！

三人（齐声说）：小熊沿着这条路往前走，到十字路口右转就是公园出口了！

小　熊（感激地说）：谢谢！谢谢！你们真是爱帮助人的好人！

结束

（所有演员一起唱爱心助人歌曲，配合做些动作，传递助人为乐的正能量。）

《助人小天使》剧照

爱惜粮食（中班）

梅寒笑

剧情概述：

　　该剧通过兔子与老鼠两家过冬时不同的生活方式造成的不同后果对比，教育我们的孩子要爱惜粮食。

角色与演员：

小兔子：洁洁；兔妈妈：洁洁妈妈；小老鼠：有为小朋友；鼠爸爸：有为妈妈；狐狸笨笨：皓皓小朋友。

背景：大树洞，小老鼠家和兔子家

道具：各类食物

剧情：

旁　白：冬天到了，森林里的小动物都储藏好食物准备过冬，小兔子一家和小老鼠一家都住在大树洞里，大树洞里有一个储藏室，里面堆满了它们一起储藏的食物。

　　　　（兔妈妈和小兔子出场）

兔妈妈（看着小兔子说）：冬天非常漫长，这些食物要供我们和小老鼠一家吃，所以我们一定要爱惜、节省粮食。

小兔子：好的，妈妈，我知道了。

旁　白：于是小兔子一家每天吃饭的时候，就取出一点食物，吃完再去取。

　　　　（鼠爸爸和小老鼠出场）

鼠爸爸（惊喜地说）：哇，这么多食物，足够我们吃一整个冬天的。

小老鼠（舔舔嘴巴说）：甜甜的蛋糕，香喷喷的松子，红红的萝卜，绿油油的
　　　　青菜，各种好吃的水果，哇，这简直太美味了，我统统都要吃。

旁　白：于是小老鼠一家人每天吃饭的时候，总是取出很多食物，蛋糕吃两口
　　　　扔掉，萝卜啃两口扔掉。小兔子一家人发现食物每天都会少很多，于
　　　　是更加节省。

兔妈妈（对小兔子说）：小老鼠一家吃的比较多，我们就要更加节省了，以免
　　　　这些食物不够我们度过整个冬天。

小兔子（点点头）：嗯。

旁　白：一个月过去了。

兔母女：啊，储藏室怎么空了？

兔妈妈（着急）：老鼠大哥，储藏室的食物已经被吃完了，我们该怎么办呢？

旁　白：兔妈妈在说话的时候，看到小老鼠家里到处都是吃剩下的胡萝卜、蛋
　　　　糕和青菜。兔妈妈跟小兔子非常生气，于是，它们搬走了。兔妈妈每
　　　　天到很远的地方去找食物，它和小兔子好不容易熬过冬天。冬天过去
　　　　了，兔妈妈带着小兔子回到原来的住处看望小老鼠一家人，却发现它
　　　　们已经饿得走不动路了。

小兔子母女：小朋友们要爱惜粮食，不要浪费。

《爱惜粮食》剧照

乱扔香蕉皮的小狐狸（中班）

季　敏　金　峥

剧情概述：

　　该剧通过狐狸乱扔香蕉皮而让熊大婶受伤的事情，教育孩子平时要像小白兔那样，不乱扔果皮纸屑。并以小狐狸知错就改的转变过程，教育我们的孩子要诚实，知错就改就是好孩子。

角色与演员：

小兔子1：点点小朋友；小兔子2：萌萌小朋友；报幕及小猴：萌萌爸；小蝴蝶：萌萌妈妈；老虎：点点爸爸；狐狸：点点妈妈；熊大婶：点点奶奶；

道具： 树木三棵，小草两处

剧本：

小老虎：大家好，我是森林之王，明天是我的生日。我邀请了好多小动物给我过生日，我得先去准备一下。

　　　　（老虎退场）

小狐狸：哈哈，你看我找到了一根最大的香蕉。不行，我得先吃掉它。

小蝴蝶：小狐狸，小狐狸。

小狐狸：发生什么事情啦？

小蝴蝶：明天是虎大王的生日，我们一起去给虎大王过生日，好吗？

小狐狸：嗯，可是我还没有准备生日礼物。

小蝴蝶：那我们一起去准备吧。

小狐狸：小蝴蝶等等我。可是我的香蕉还没有吃完呢，嗨，还是把它扔掉吧。

　　　　（说话的时候，把香蕉扔在了地上）小蝴蝶，小蝴蝶，等等我啊！

熊大婶：（拎着篮子出场）我这个熊大婶可真是老了，哎呀，累死我了（擦汗）。（走到台中央）哎哟喂，是谁扔的香蕉皮，把我给滑倒了，疼死

　　　　我了。小动物们快来啊，小动物们快来啊。救命啊，救命啊！

小兔子1（蹦蹦跳跳出场）：你听到谁在喊救命啊？

小兔子2：我们一起去找找吧。

小兔子1：好吧。

（熊大婶在喊救命。两只小兔子在周围转，在寻找的样子）

小兔子1：哎呀，这不是熊大婶吗。（两只小兔子蹲下来）熊大婶，你怎么了？

熊大婶：不知道是哪个小动物把香蕉皮扔在地上了，把我给滑倒了。

两只小兔子：熊大婶，你等着，我这就叫小动物们来帮你。（小兔子2跳着去
　　　　叫动物们）

小兔子1：小动物们快来啊，小动物们快来啊。快点、快点。（小动物们一起来）

众人说：怎么啦，怎么啦，发生什么事情啦？

熊大婶（指着地）：不知道谁把香蕉皮扔在地上了，把我给滑倒了。

小兔子2：我们赶快把熊大婶扶到医院去吧。

小老虎：熊大婶我来背你。（场上留下小狐狸和两只小兔子）

小兔子1：哼，我要是知道谁扔香蕉皮，我才不跟它玩呢。

小兔子2：是啊，是啊，我也是。

（此时的小狐狸，低着头，不说话。小兔子2把香蕉皮扔到垃圾桶）

小兔子1：小狐狸，你知道吗？

小狐狸：不、不，我不知道。（然后小狐狸走了）

小兔子1：小狐狸怎么啦？

小兔子2：我也不知道。那我们一起去看看熊大婶吧。

（两只小兔子蹦蹦跳跳退场）

旁　白：第二天天亮了，到底发生什么事情了呢？

小狐狸：都怪我乱扔香蕉皮，害得熊大婶滑倒了。不行，我得把这里扫干净。

　　　　（拿着扫帚出场，四处看看）

小蝴蝶：小狐狸在扫地啦，小狐狸在扫地啦。

小狐狸：不，不，我没有在扫地。

小蝴蝶：我明明看到你在扫地了，小兔子快来啊，小兔子快来啊。小狐狸在

扫地。

（两只小兔子过来了）

小狐狸：不不，我没有在扫地。

小蝴蝶：不，它在撒谎。

两只小兔子：小狐狸，撒谎可不是好孩子。

小狐狸：那我说了，你们还跟我玩吗？

两只小兔子、小蝴蝶：跟你玩，跟你玩。

小狐狸：其实昨天那个香蕉皮是我扔的。

两只小兔子、小蝴蝶：啊，原来是你扔的啊。

小狐狸：可是我已经知道我错了。

小蝴蝶：你知道错了，那你知道香蕉皮应该扔到哪里吗？

小狐狸：知道，应该扔到垃圾桶。

两只小兔子：知错就改，这才是好孩子啊！

小蝴蝶：你们快看，小动物都来了。

全部上场：发生什么事情啦？

小狐狸（走到熊大婶处）：熊大婶，你好点了吗？

熊大婶：我已经没事了。

小狐狸：其实昨天那个香蕉皮是我扔的。

小动物们齐声：啊，原来是你扔的啊！

小狐狸：可是，我已经知道我错了。

小蝴蝶：知错就改这才是好孩子。

小狐狸：那你们还跟我玩吗？

两只小兔子（走到小狐狸处）：跟你玩，跟你玩。

小蝴蝶：今天是虎大王的生日，我们一起给虎大王唱生日歌吧。

动物们齐声：好啊，好啊。

（虎大王到台中央，小动物们围着，音乐响起）

老　虎：谢谢，谢谢，今天我给你们准备了好多好吃的东西，我们赶紧走吧。

动物们：走喽。（伴着生日歌）

旁　白：小朋友们，故事讲完了，看完这个故事，我们要像小兔子那样，不乱
　　　　扔果皮纸屑，像小狐狸那样知错就改，这样大家都会喜欢你的。

《乱扔香蕉皮的小狐狸》剧照

小花猫照镜子（大班）

张燕萍　蔡益彬

剧情概述：

该剧主要阐述了可爱的小花猫照镜子时发生的情感冲突，它误将照镜子时自己的影像当成是别人的恶作剧，于是猫妈妈就巧妙地教育孩子与人友好相处的道理：你对别人好，别人也会对你好。

人物：小花（小猫），小猫（镜子中），猫妈妈

道具：镜子，小猫服装，音乐

场景：有镜子的屋子

剧本：

（小花出场）

旁　白：小花是一只漂亮的小猫，它跟着妈妈住在一只大木箱里。有一天，妈
　　　　妈出去了。（猫妈妈出场）小花也想出去玩玩，它弓着腰"呼"地一

跳，跳到大木板箱外面去，东转转，西瞧瞧，走进了一间屋子。屋子里有个大框子，大框子上装着一面大镜子。

小　花：咦，这是怎么回事？

（小花一步一步走到大框子跟前）

旁　白：大镜子里也跑出一只小猫来了，瞧它，一身油光光的毛，黄一条，白一条，长长的胡子一翘一翘，跟小花一模一样。小花瞪着乌溜溜的眼睛看着那只小猫，那只小猫也瞪着乌溜溜的眼睛看着小花。

小　花：你是谁？

旁　白：那只小猫也张开嘴巴，可是没有说出话来。小花更觉得奇怪了。

小　花：你为什么总看着我？

旁　白：那只小猫没理小花，还是瞪着乌溜溜的眼睛看着它。小花生气了，把腰一弓，猛地扑过去，伸出爪子去抓那只小猫。这可不得了，那只小猫也把腰一弓猛地扑过来，伸出爪子来抓小花。小花吓坏了，转过身子就跑，跑回大木板箱里去，告诉妈妈。

小　花：妈妈，妈妈，一只小猫来抓我！

旁　白：妈妈仔仔细细地问了一遍，笑起来了。

猫妈妈：小花呀小花，你用爪子去抓人家，人家不抓你吗？要是你跟人家和和气气的，人家也跟你和和气气的。你不信，再去瞧瞧。

旁　白：小猫又来到镜子面前，冲镜子里的小猫笑眯眯的，镜子里的小猫也冲它笑眯眯。

小　花：你好，小猫。

（镜子中的小猫也挥手）

旁　白：这个故事告诉我们一个道理：你对别人好，别人也会对你好；你对别人凶巴巴，别人也会对你凶巴巴。

《小花猫照镜子》剧照

花木兰替父从军记（大班）

刘丽珍　夏　艳

剧情概述：

　　该剧根据《木兰辞》改编。从前有个姑娘叫花木兰，她聪明伶俐，正直孝顺。当时正打仗，军队正四处征兵，她的父亲被选中了，她又没有哥哥，孝顺的花木兰担心自己的父亲年老体弱无法适应军队生活，于是换上男装代父从军。

道具：服装、刀具、假木马、书、背景音乐为《高山流水》（古筝）

角色表演者：

花木兰：乔齐；花木兰父亲：居旸兰；皇上：宣雅文；士兵：秦浩均

剧本

第一幕：人物介绍

旁　白：古时北魏有个女子叫花木兰，她从小学习读书写字、骑马射箭，几年下来，她的本领已经非常厉害了。

（花木兰与木兰父亲，根据旁白内容演绎读书写字，骑马射箭。）

第二幕：父被征兵

旁　白：有一年，国家要打仗了，每家的成年男子都被要求去参军。

（一名士兵骑马来到木兰家门口，要求木兰父亲参军打仗，木兰与父亲在门口听旨。）

士　兵：国家有难，战事升级，现魏国所有成年男性均需参军护边境。

父　亲：哎，想不到我一大把年纪了，还要去打仗啊！（表情满面愁容）

　　　　（此时，木兰用一种担忧的表情看着自己的父亲。）

第三幕：决定代父从军

旁　白：花木兰担心自己的父亲年老体弱，于是换上男装决定代父从军。

木　兰：父亲，您放心，您就安心地在家等我凯旋的消息吧。

（木兰拜别父亲，挥手从军，木兰父立于对面挥泪告别。）

第四幕：木兰骁勇善战

（几位小演员围坐在一起摆出商量军情的样子，随意指点地图。）

木　兰：我们就这样进攻吧。

（木兰从军画面，所有演员一起上台表演骑马舞，表现战事激烈。此处音乐为骑马舞音乐）

旁　白：由于花木兰多次立功，晋升成为了将领。转眼十多年过去了，花木兰胜利归来。

第五幕：荣归故里

（木兰骑马荣归故里，士兵随后。皇上召见了花木兰，并要赐她做大官。）

皇　上：花木兰，你屡立大功，保我江山，我要赐你做大官。

木　兰：谢谢皇上，木兰家里有老父亲需要照顾，百善孝为先，花木兰必当回乡照顾老父，奉他颐养天年。

皇　上：木兰所言极是，父母之恩，水不能溺，火不能灭，如此美德，应赞誉，朕赐你，荣归故里。

旁　白：后来，大家发现花木兰原来是个女子，都被她女扮男装替父从军的孝心深深感动。这个故事广为传诵，流传至今。小朋友，我们中华美德中最重要的一点就是孝顺长辈，尊师爱友。平常生活中，我们可以从小事做起，帮忙做些力所能及的事情。

《花木兰替父从军记》剧照

附古诗　　　　　　　　　**《木兰辞》**（节选）

唧唧复唧唧，木兰当户织。

不闻机杼声，唯闻女叹息。

问女何所思，问女何所忆？

女亦无所思，女亦无所忆。

昨夜见军帖，可汗大点兵。

军书十二卷，卷卷有爷名。

教育故事

随风潜入夜，润物细无声
——"甜甜的招呼"之成长记

季 敏

清晨，当我站在教室门口向每位来园的小朋友问好时，只有少数孩子能大方地、甜甜地对老师回敬一句："老师，早上好!"或是摆摆手，鞠个躬。大部分孩子要在成人的提醒或催促下，好半天才轻轻地哼出一句听不清楚的问好。也有小部分孩子见到老师躲躲闪闪，不管家长如何循循善诱，始终都不愿开口打招呼。

通过与小班孩子的交流，我发现他们不是不会礼貌招呼，而是缺乏在不同场合与对象交流、对话的经验，表现出不敢说的行为，甚至惧怕在许多人面前大胆地表达与交流，因此才会出现扭捏、躲闪、跑开等现象。但是，作为成人，如果引导不当，会让孩子因感到不舒服、不愉快而放弃这种"礼貌"，影响其良好性格的培养。孩子只有获得了愉悦的感受，才会把礼貌招呼变成自发的行为。我们要做的不是要孩子按照我们认为的方式去做，而是帮助孩子愉快地获得这个交往技能。

于是，我和一个名叫点点的小女孩，我们早上来园期间的礼貌招呼就这样开始了。

一、潜心播种——"甜甜的招呼"之孕育期

点点是一位长相甜美的小女孩，她非常有个性，脾气比较倔强。开学至今已经有一个礼拜了，可是她早上来园的时候，没有一次愿意和老师打招呼。奶

奶每次送她的时候都苦口婆心地劝说，也无济于事。

今天一早，我像往常一样，站在门口，准备迎接小朋友们的到来。只见奶奶拉着点点的小手慢慢向我走来，奶奶一边走一边向点点嘀咕着什么，好像又在提醒"见了老师要打招呼"之类的话。我打起十二分的精神，用最灿烂的笑容，甜甜地说道："点点早上好！奶奶早上好！"奶奶也很客气地回应了我，只是点点还是一如既往的沉默。我蹲下身子，轻轻地靠近孩子，握着孩子的手，微笑地说着："没关系的，老师知道点点虽然嘴巴上不愿意说，但是心里一定已经和季老师打过招呼了，是吗？"点点瞪着一双大眼睛看着我，不好意思地笑了。我又回应孩子："下次你如果不想开口打招呼，就和季老师招招手或者微笑着点点头，就表示我们已经打过招呼了，好吗？"

第二天，奶奶拉着点点的小手又一次向我走来，只见点点有点害羞，躲在奶奶的身后，我向她微笑着点点头，挥挥手。这时她微微侧过半个身子，也微笑着向我挥挥小手，这一刻我看到了孩子坚强地向前迈出了一步。

每个孩子都有自己的个性，当我们成人不那么急功近利，能静下心来慢慢靠近孩子、理解孩子、尊重孩子，并悄悄给予某种支持的时候，我们就有可能找到一把适合的钥匙，慢慢打开孩子的心门。

二、润物无声——"甜甜的招呼"之初生期

一个偶然的机会，班上小朋友带来了一个小兔录音机，粉粉的，很可爱。女孩子们都被这个新玩意儿吸引了，点点也是喜欢得不得了，总是围着"小兔子"团团转。当开关被摁动的一刹那，"小兔子"竟然和大家甜甜地打招呼了："亲爱的朋友，早上好！"孩子们听完兴奋极了，也一个劲儿地说道："小兔子，早上好！"点点也跟着大家一起欢呼。

第二天一早，我突发奇想，拿着"小兔子"一起站在门口接待小朋友们的到来，每接待一位小朋友，我都请热情的"小兔子"甜甜地送上一句："亲爱的朋友，早上好！"孩子们个个抢着和小兔子握手，道早上好，场面很是热闹。这时奶奶正好拉着点点一起过来了，我把小兔子轻轻地放在点点的耳朵旁，送

上了一句甜甜的问候，点点笑了。我连忙提醒："你是不是也有话对小兔子说呢？"她犹豫了一下，然后轻轻地说了一句："小兔子，早上好！"我连忙竖起大拇指："小兔子说你打招呼的声音甜甜的，真好听！"

就这样，日复一日，点点早上来园，见到老师不再躲躲闪闪了，心情好的时候会甜甜地和老师道一句："老师早！"心情不好的时候，我们就招招手或点点头，一切都是那么自然。

面对事情的时候，每个孩子都有自己不同的承受方式。我们成人不要那么一本正经，刻意要求孩子做这做那，而是以一种游戏的心态逐渐感染孩子，带给孩子愉悦的情绪体验，相信效果一定事半功倍。

三、春风化雨——"甜甜的招呼"之成长期

已记不清是哪一天，我正在教室里准备教具，突然耳畔传来一声甜甜的招呼声："胡老师早上好！季老师早上好！"我扭头一看，原来是可爱的点点，她大大方方地向我们打招呼，又和奶奶挥手说再见。我一下子抱住孩子，激动地说道："点点，你真有礼貌，你长大了！"点点反而被我的举动弄怔住了，莫名地吐了下舌头，转身就去玩了，我和站在门口的奶奶欣慰地对视一笑。

经历了这件事后，我清楚地意识到：孩子有时候很简单，只要成人找到对的时间、对的方法，一切都能顺理成章。但是，孩子有的时候也很不简单，她也有自我，也需要被尊重，成人要给予一定的台阶，让孩子慢慢适应，慢慢接受。

一个有礼貌的孩子，一个见人就甜甜地主动打招呼的孩子谁不喜欢呢？跟人打招呼是一种礼貌，是孩子最基本的交往技能。3—4岁幼儿正处于一生中的敏感期，是学习做人的奠基期，成人要引导孩子树立礼貌待人的意识，养成主动打招呼的好习惯。但是当我们的说教苍白无力的时候，当我们喋喋不休地指责孩子时，请停止说教，静下心来好好地和孩子聊一聊。不同性格的孩子，我们要采取不同的方式、方法，切忌心浮气躁，给孩子多一点的时间，相信每个孩子都能够甜甜地打招呼。

宽容，你学会了吗

季 敏

宽容，是个人对社会、对人生所抱有的积极的生活态度，是一种做人的品质，也是一种美德。现在的孩子大都具有"自我保护"意识，而缺少人与人之间的宽容精神。没有宽容，一点小事都能引起争端。在带班过程中，老师常遇到幼儿间发生打闹的情况，孩子们轻则哭一场，重则一方或双方受伤，而追究起来无非是因为谁碰了谁一下或争抢玩具等小事。其实一句"对不起""没关系"就可以把这些本不复杂的事情变简单。

事件一：你推我，我推你

有一天，正当我班幼儿分批喝水的时候，只听见龙龙大哭。我便走过去问龙龙怎么了，龙龙就一边哭一边说是万万推了他。站在一旁的万万听到了，就理直气壮地说："是他先推我的，我才推他的。"听万万这么一说，我没有马上批评他，而是告诉他："虽然龙龙推了你是他不对，但要看他是不是故意的。如果不是故意的，只是不小心碰到一下那就没关系，应该大方地原谅他；如果他是故意的，那你可以告诉老师，老师会跟他讲道理，告诉他这样推别人是很危险的，是不对的。你想一想，你们两个推来推去的，能解决问题吗？"万万听了，低着头不作声，似乎意识到自己的行为是不对的。

事件二：对不起，没关系

孩子们正在自由活动，他们投入地玩着自带玩具，有的小朋友互相交换着玩，场面很是和谐。突然雯雯跑过来向我告状："季老师，万万哭了，是王奕轩戳到他眼睛了。"我连忙走过去看个究竟，只见万万一直在抹眼泪，旁边的王奕轩一副很紧张的样子，一个劲儿地说："对不起，对不起，我不是故意的。"我拨开万万的手，看看眼睛的情况到底如何，只见眼角处有点红红的，破了点皮，可能是被王奕轩的玩具碰到了。确定没有伤到眼睛，我也就放心了，一边安抚万万，一边询问王奕轩怎么会弄伤别人。还没等王奕轩开口，万万一边抽泣着一边解释道："老师，王奕轩不是故意弄我的，他是不小心的。"就这样伴随着孩子们你一句"对不起"，我一句"没关系"，事情就迎刃而解了。

从这两个小小的事件中不难发现，万万其实是一个情商比较高、接受能力较强的孩子。对于这样的孩子，老师只要耐心引导，稍微加以点拨，就能指引孩子往好的方向发展。期待万万在宽容别人方面能有更突出的表现，希望能通过万万的转变给周围的其他同伴带来辐射和影响。也希望当同伴发生争执或不愉快的时候，他能像一位小老师一样传递正能量，以自己的言行感染别人，让同伴知道和朋友相处要学会宽容。展望不久的将来，通过教师的正确引导，万万身上会有更惊喜的事件发生。

倔强的小鱼儿

王宵文

实录：新学期开始了，小班小朋友基本适应了幼儿园的集体生活，每天都和老师有礼貌地打招呼。可是我们班有一位倔强的"小鱼儿"——一位非常聪明，但是脾气非常倔强的小姑娘。开学已经两个多月了，她就是不肯和老师打招呼，不肯和小朋友友好相处，游离于集体之外。老师用尽一切办法，她依然无动于衷：对她严肃一点，她就张嘴哇哇大哭；对她柔声细语，她就嬉皮笑脸，扭头就跑。怎么办？

分析：小鱼儿是单亲家庭的孩子。妈妈忙于工作，对孩子的教育会有些缺失。

措施： 我们及时和小鱼儿妈妈取得电话联系，希望妈妈在家能够提醒小鱼儿来园与老师打招呼，在幼儿园多和其他小朋友游戏。

幼儿表现： 第二天，小鱼儿外婆送她来园，小鱼儿照旧不和我们打招呼，还哇哇大哭。怎么回事？外婆说："昨天小鱼儿妈妈回家打了小鱼儿一顿，说她在幼儿园没礼貌，今天再表现不好，回家继续！"

反思： 我们没有想到小鱼儿妈妈的教育方式是如此简单直接。我们感到我们与家长的沟通方式太过简单，对于家长的了解浮于表面；同时没有为家长提供可行性的教育方式，才会发生让人惊讶的一幕。

改进： 下午放学时，小鱼儿妈妈来了，我们和小鱼儿妈妈进行了一次深谈。从谈话中我们得知，由于小鱼儿的倔强，在家里遇到解决不了的事情，妈妈就会用最简单原始的方式。虽然妈妈也知道这种方式并不适合小鱼儿，但是又不知道该怎样做。

我们为妈妈提出几点建议：

1. 树立榜样。模仿是孩子的天性，家长如何对孩子，孩子就会如何对待其他人。因此，我们提醒小鱼儿妈妈注意自己的言行，为了孩子的成长，要努力做一位温柔、亲切的妈妈。

2. 尊重孩子。把小鱼儿看成可以谈话的朋友，什么事情都要慢慢地和她说，倾听她的想法。

3. 发现孩子的兴趣点。从孩子最喜欢做的事情出发，把对孩子的教育渗透在孩子感兴趣的地方。小鱼儿很喜欢看书、听故事，我们可以帮妈妈为小鱼儿找一些关于礼仪交往的故事、图书，慢慢引导孩子形成良好的礼仪行为习惯。

4. 来园陪伴。小鱼儿非常渴望妈妈的陪伴，妈妈可以在送小鱼儿来园时，多在班级停留，陪陪小鱼儿，让她更快地融入集体生活。

追踪： 和小鱼儿妈妈制订好计划后，小鱼儿妈妈每周会有两到三天时间在幼儿园多陪她一会儿，这让小鱼儿非常开心。虽然她不说，但是那几天她的笑容总是特别多。

我们定期进行电话家访，家访的内容基本都是小鱼儿在园、在家的表现，互相了解。同时我们也提醒妈妈注意控制自己的情绪，因为我们知道对孩子的教育不是一朝一夕就可以看到成果的，孩子的行为会出现反复。不能看到小鱼儿的进步就手舞足蹈，也不能当孩子出现反复的时候又手足无措。

后续：时间一天天过去，小鱼儿的变化也慢慢地展现，由开始对我们微笑——对我们招招手——附在耳边轻轻地与我们招呼——大声和所有老师、小朋友打招呼——和小朋友讨论自己有趣的玩具，到最后在教室里"质问"老师："今天早上我来幼儿园的时候，在马路对面看见你，叫你老师好，你为什么不理我？没有礼貌喽！""哎！太远了，老师没听到呀！对不起啦！"

咆哮的辉哥

陈美君

案例回放：

镜头一：

"上班时间"到了，辉哥邀约两位好友来到"建筑工地"。只见他两手叉腰，趾高气扬地宣布："今天我们要搭学校旁边的'幸福小镇'，你们会吗？"阳阳和小宝用带有崇拜的眼神望着辉哥，拼命点头。"不会搭的给我出去！"辉哥没等他们说话就发布了第二条号令，边说边一手叉腰一手伸出两指作"抽烟"状。望着手忙脚乱拿积木的两位朋友，他竟然哈哈大笑起来。

镜头二：

时间大概过了十分钟，辉哥拿着从"超市"买来的茶杯，另一手夹着一张报纸，戴着安全帽慢悠悠地晃到"建筑工地"去视察工作。他先来到阳阳身边，看看他搭的"小区围墙"，刚看了一会儿就大叫起来："你这个笨蛋！'围墙'怎么这么矮，小偷要来偷东西的，不会搭给我出去！"阳阳顿时委屈地边噙着眼泪边解释说："我还没搭好呢，这只是第一层……""那你速度这么慢啊，快点干，你还要不要工资了？"辉哥才不管阳阳的解释呢，继续咆哮道。

187

"还有你小宝，你的'房子'怎么没有'门'的啊，风吹进来都冻死了，快点干！"刚说好阳阳，辉哥立马把矛头转向小宝。小宝才不买账呢，气呼呼地回答辉哥："你懂什么，我这是自动门，有人来了会自己开的，没人了就会自动关门。"辉哥一听，感觉自己的权威受到了挑战，再次咆哮起来："不要再讲话了，不然扣你工钱，快点干活！你还有十分钟！"说完，背着双手愤愤地离开了。

镜头三：

"幸福小镇"已经完工了，阳阳叫小宝去请辉哥来看看，这时的辉哥在和旁边"甜品店"的"萌妹子"瑶瑶谈笑风生呢。"辉哥，'幸福小镇'已经搭好了，你跟我回去看一下吧。"只见辉哥前一秒脸上还阳光灿烂，看到小宝马上变得乌云密布："叫什么叫，我自己会来的。"他不情不愿地站起来，"等着，我去银行取点钱。"只见他来到"银行"取了点钱，走到"建筑工地"来来回回看了好几遍："'房子'搭得不错，下次搭得再牢固些就更好了，这是给你们的'工钱'。"说着，他掏出钱来给了阳阳和小宝一人十块钱，三个人脸上顿时洋溢着开心的微笑。

舒心访谈：

我：辉哥，今天到哪里上班了？

辉哥（以下简称 H）：我今天到建筑工地上班了，当了一回包工头。

我：哟，还当上包工头了啊，这是什么工作啊？

H：包工头就是不要干活的，就是管人家搭房子，再给他们工钱就可以了。

我：还有这么轻松的工作啊，任何包工头都是通过自己的努力工作才能得到这个职位的，你以前在建筑工地工作过吗？

H：没有啊，我不想搭房子，我有钱，我是老板，可以请人帮我干活的。

我：可以的，但是任何工作不分高低贵贱，都是平等的，都是要受到尊重的，知道吗？

H：（沉默）……

我：你在阳阳和小宝工作的时候，有没有对他们大声地说话？

H：（沉默）……

我：在工作中有什么建议的话可以轻声说话，你觉得呢？

H：可是电视里的包工头都是很凶的，对工人的态度都是这样的。

我：电视里有些包工头是很没礼貌的，你想当文明的包工头还是想当粗鲁的包工头呢？

H：文明的。

我：那你去跟你的朋友——阳阳和小宝道个歉吧，大家是工作关系，都是好朋友，不可以用咆哮的口气对待他们，你说呢？

H：好的，老师。（说完，就去找朋友道歉去了）

老远看到辉哥和朋友们正开心地笑着，这场面，好温馨，好感动。

我的三言两语：

角色游戏结束后，我和辉哥做了一次深刻长谈，他跟我说电视里的包工头都是这样的，对手下的工人凶凶的，自己不用干活的，因为有很多钱，这样才像老板。中班的幼儿正处在学习、模仿、成长阶段，对任何事情都具有超强的好奇心。然而由于心理很不成熟，辨别是非能力低，所以往往不能分辨哪些事情值得模仿，哪些不值得模仿。模仿得好，对他们的成长和学习会带来很大益处；模仿不当，则会给他们带来坏处，甚至带来危害，因此需要及时引导。在现实生活中，作为大人的我们，有时候自己的一些言行举止往往成为孩子模仿的对象，因此我们要以身作则，正面示范。另外，还要注意选择给孩子提供积极向上的媒体资源，把一些积极的、正面的榜样作用带给孩子。

排队那些事

凌　静

在幼儿园的"一日活动"中，经常会出现排队情况，排队喝水、排队小便、排队洗手、排队上下楼梯……而在我的印象中，"排队"经常与"出状况"紧密联系在一起。

片段一：我要排在第一个

每天的户外活动，幼儿都要排队上下楼梯，而这时候也是比较混乱的时候，幼儿经常会为谁排在第一个而争论不休。嘉嘉在我班是一个较为强势的小女孩，每次排队她都要抢着排在第一个，当然期间少不了"推、挤、撞"等动作。伴随而来的就是各类告状："老师，嘉嘉挤我。""老师，嘉嘉又抢第一个了。"遇到这种情况，我一般会说："抢的小朋友，不准排第一个。"可是第二天情况照旧。有一次，我问嘉嘉："嘉嘉，你为什么要抢第一个呢？站在第一个和站在后面有什么不同吗？""我就是要排在第一个，排在第一个，老师就会牵着我走，像第一名一样。"原来孩子争抢排在第一个是因为老师会牵着走，他们觉得那是一种荣誉。我又说："那总不能每次你都排在第一个吧，其他小朋友也和你一样都想要有这样的机会。"她把头扭向一边，嘴里咕哝着说："反正我就是要排第一。"我想了想说："有些小朋友走路跌跌撞撞的，很容易摔跤，我牵着就不会摔倒。嘉嘉本领这么大，你排到后面做小老师，帮我提醒后面的小朋友小心走路，好吗？"听到可以做"小老师"，嘉嘉高兴了，开开心心地排到了后面做起了"小老师"。当然我们的队伍这么长，一个小老师可不够，于是几个爱抢排头的小朋友分别被安排在队伍的中间当起了"小老师"。

通过这一片段我发现，孩子的思维方式和成人是不同的。他们觉得排在第一个可以牵着老师的手，是值得大家羡慕的、很了不起的事。虽然通过"小老师"的方式暂时解决了问题，但从自身进行反思，我或许平时对于这些孩子的关注还不够，多给他们一些微笑，多给他们一些拥抱，多牵牵他们的小手，让他们感受到更多的重视，今天的情况就会少一些。

片段二：老师，乐乐插队

喝水是"一日生活"活动中的重要环节，也是排队问题较为突出的环节。自由活动时，孩子们在排队喝水，突然玥玥叫了起来："老师，乐乐插队，踩到我的脚了。"我朝他们看过去，只见玥玥排在队伍的中间，而乐乐正转身想要捂玥玥的嘴。我了解情况后并没有去指责乐乐，而是轻声提醒他："乐乐，踩到别人要说对不起。"乐乐听到后，小声地说了声"对不起"。

其实像这样的情况经常会发生，从乐乐的表现中不难发现，他知道自己的行为是不对的，但他还是这样做了。很多孩子缺少等待的耐心，于是就选择插队，而且怀着侥幸心理往中间钻，以减少被发现的可能。这些孩子对规则十分清楚，只是没能遵守。作为老师，应该在每次活动前提醒孩子遵守规则，加深他们的规则意识，让他们知道，老师会一直用这些规则去关注他们，以减少侥幸心理。

片段三：叫她快点，她就是不快

"排队"事件经常在班上发生。点心前，孩子们在厕所内洗手，不一会儿传来了哭声。寻声望去，只见晨晨站在水盆前面放声大哭，脸上、衣服上都是水，看到我过来，小朋友都急着告状："老师，牛牛推晨晨。"我将视线移到一旁的牛牛身上，只见牛牛紧张地站着，嘴里不停说着："叫她快点，叫她快点，她就是不快。"牛牛是个比较内向的孩子，平时不大会去招惹同伴，但有时也会有些"牛脾气"。于是我先安慰晨晨，稳定她的情绪。而后询问情况，原来牛牛排在晨晨的后面，晨晨一边洗手一边玩洗手液，牛牛在后面催了好多次，她都不听，旁边的队伍都走了两个人了，可晨晨还在洗。"牛脾气"上来的牛牛就推了她一把，结果就出现前面描述的画面。点心用餐结束后，我召集小朋友一起讨论，大家都认为牛牛推人不对。牛牛一脸丧气，在旁边一声不吭。我也明确表态推人是不对，但我也肯定了牛牛能够耐心排队。有了我的肯定，牛牛的脸色稍有好转。于是我问："那晨晨今天的做法对吗？""不对，玩水是不对的。"有小朋友马上发表观点。"牛牛推人不对，可是晨晨玩洗手液也不对，水龙头一直开着，水都浪费了，而且长时间洗手，皮肤会变得很干、很难看的。"本来理直气壮的晨晨，显得有点尴尬。

洗手的时候，总有个别幼儿会有玩水现象，排在后面的幼儿，有的会到其他地方排队，有的会寻求老师帮助，而较为内向的牛牛却用自己的办法来解决事情。这件事情，两个人都有错，但对牛牛不插队的行为我给予了肯定，并强调玩水是不对的，以减少洗手玩水的现象。

分析：

现在的孩子大多都是独生子女，事事以自我为中心，一切从自身出发，不大去考虑别人的感受，缺乏等待的耐心。然而幼儿园就像是小社会，孩子们需要遵守一定的社会准则，排队等待就是孩子每天需要遵守的规则。中班时期的幼儿自我思想已渐渐形成，他们知道规则但自控能力较弱，缺乏谦让精神。老师应善于思考，想办法用孩子感兴趣的方式、方法进行常规教育，帮助幼儿养成良好的行为习惯。

"那啥，闭嘴"

陈美君

最近诺如病毒集中爆发，班级里孩子们的"告状瘾"也成井喷状态。一会儿有人跑来说："老师，跳跳在我耳朵边大吼，耳朵疼。"一会儿又有人来报告："老师，跳跳推我，不允许我去乐乐家玩。"过了一会儿，一堆人拽着我求助："老师老师，跳跳不让我们和好朋友讲话！"听听看，这么多人来报告，作为老师，还真有点心力交瘁。哎，不对，好像小朋友们都来报告同一个人，那就是跳跳，他自封为我们中二班的纪律小组长，看哪里有不文明的现象，会立马跳出来制止。按理说这是好事儿啊，可为什么那么多人来报告他的行为呢？

一、值日生篇

一大早，跳跳火急火燎地来到幼儿园，因为他今天要当值日生，用他自己的话说就是今天要当"小老师",手上有着大大的权力,可以管理班级的事务。只见他认真地检查每家"店"里的物品,做好记录,并且面带微笑地站门口迎接每一位朋友。这个时候,泽泽和果果正巧在楼梯口碰到,有说有笑地一起上楼来。最近他们迷上了一款叫"战斗小Q"的玩具,形状有点像七星瓢虫,不同的是壳下有四个小轮子。它可以随意地前进、后退、转圈和翻跟斗,本领可大了。当他们聊到谁的小Q厉害时发生了争执,都觉得自己的小Q本领大。于是两个人边扯着嗓门喊边推推搡搡地来到了教室门口,跳跳见状立马前把他们俩一推,怒发冲冠地喊:"你们统统给我闭嘴!谁允许你们吵架啦!去椅子上坐好!"哪知道跳跳的手劲太大了,泽泽和果果没有站稳,先后跌倒了,他们两个顿时"哇哇"地哭起来了。跳跳见状有点慌了,一边扶他们起来拍拍他们的衣服,一边小声嘀咕:"你们声音轻点,早点闭嘴不就好了嘛。"泽泽和果果哭哭啼啼地马上跑来向我告状了,这时的跳跳一脸尴尬和无辜……

二、交警篇

每次轮到半室外的运动场地,孩子们总是欢呼雀跃,因为里面有他们最爱的小汽车,可以在"马路"上潇洒地行驶。最近"马路"上的"汽车"太多了,总是会造成"交通大堵塞",于是跳跳突然提议:"老师,我来当'交通警察'吧,来疏通道路。"这么好的建议,作为老师的我当然欣然同意。只见他站在"红绿灯"旁边,根据信号灯的变化做出相应的手势,别说,还挺像的。在他的指挥下,"马路"变得井然有序起来。可惜没过多久,"马路"上的车停止前进,并响起了此起彼伏的"汽笛声","嘟嘟嘟"吵得耳朵疼,有些"车主"甚至下车来一瞧究竟。这时跳跳手指着一辆辆车,气急败坏地说:"你们统统给我闭嘴!谁让你们按喇叭的,统统不许再按,不然把你们抓起来!"原来"车主"们抱怨"红灯"时间太长,他们等得不耐烦了,所以按起了"喇叭"。刚说完,跳跳就强制命令几位"司机"下车,不让他们再次上路。没过一会儿,这几位"司机"就来报告了。

三、上网篇

电子阅览室是孩子们最感兴趣的地方，每天都有孩子眼巴巴地问："老师，我们什么时候可以玩电脑啊？"因为我们下载了很多精彩的礼仪小故事，孩子们可以自由选择欣赏。一天下午，我还是和往常一样带孩子们去电子阅览室，他们很自觉地戴上耳机看起了视频，大家都可认真了。没过一会儿，角落里突然冒出了一句高声大叫："让你的电脑闭嘴！不知道影响大家吗？"我循声望去，原来是跳跳双手叉腰，火冒三丈地正批评旁边的元元，怪他看视频没有戴耳机，电脑里传出的声音影响旁边的朋友了。元元自知理亏，嗫嚅着双唇默默地戴上了自己的耳机……

我的三言两语：

热心、性急、认真、有责任感便是我们的跳跳了，他的出发点都是好的，可是为什么往往会吃力不讨好、不被领情呢？以上三个事例有个共同点，就是跳跳的一句口头禅——"那啥，闭嘴！"这是一句不文明的话语，一旦说出口了，就会伤害对方。作为老师，对跳跳要及时引导，注意不说这句强硬的口头禅。在家，父母是孩子的一面镜子，应该时刻注意自己的言语形象，以温和、尊重的语气影响孩子，用礼貌用语让孩子潜移默化，让他知道：有礼貌的孩子才受大家的喜欢。家园双管齐下，我们的孩子才会热情而不失礼貌。

我不要"小红花"

陆　夏

升入大班时，班里转来了一位叫文文的孩子。他长得高高瘦瘦的，看上去有点文弱，但我没想到这貌似文弱的孩子却对我提出了"挑战"。

学习新操时，孩子们大都学得认真，只有文文毫无精神，勉强做几个动作也要慢两拍，还不到位。我提醒道："文文，用力点，把手臂伸直。""文文，看老师，跟着老师做。"眼看提要求无效，于是我说："文文，做得好老师会奖给你小红花。"本以为这样可以激发他的积极性，可没想到文文懒洋洋、满不在乎地说："我才不要小红花呢！"这是我第一次听到这样的回答，顿时有几分气恼，心想怎么会有这样不要好的孩子？但理智告诉我，要冷静下来细细分析情况，思考教育对策。

离园时，我与文文家长进行了交流。家长无奈地说："唉，孩子皮，他原先幼儿园老师是不管他的，任由他去。"听了家长的话，突然间心里沉甸甸的。文文的"直言不讳"可以说是"当头一棒"，文文家长的话让我意识到，要改变现状非一日之功。

一、为什么要做操

文文对做操觉得无所谓、不喜欢，那采取什么方法才能改变这种态度呢？我苦苦思索着……哎，何不让孩子们自己谈谈为什么要做操呢？当我把问题抛给孩子们时，孩子们纷纷表达自己的想法："做操可以锻炼身体，让身体更加强壮。""做操也是学本领！""做操很有趣，我可以和好朋友一起表演。"……孩子们的话语似乎也感染了文文，他坐直身体，举起手说："长大了可以去参加国庆阅兵呢！""哈哈哈……"孩子们都笑了起来。我鼓励道："文文的想法很了不起！我们为他鼓鼓掌！希望他从现在起认真锻炼，长大后梦想成真！"掌声响起时，文文很得意。我还找来了国庆阅兵的视频让孩子欣赏，孩子们赞叹不已。这时，我感到文文不再那么排斥做操了。

文文不喜欢做操，可能是因为他没有意识到做操的作用，没有感受到做操的快乐。考虑到直接说教也许作用不大，于是我引导一场"孩子间的自我教育"。文文的表现是我没有意料到的，这说明他关注生活，很有自己的想法。对此，我没有认为他是异想天开，而是充分肯定他，真诚祝福他，巧妙地、不着痕迹地提出他需要努力的方向。教师的肯定、同伴的掌声，唤起了文文向"好"的方向努力的信心和决心。

二、看着老师做操

看教师、跟着做，是学会做操的基本要求。但是，文文的眼神是游离的。对此，我跟他进行了谈话，告诉他："老师很喜欢你，所以经常会看你，我知道你也喜欢我，做操时看着老师好吗？"也许是我真诚的话语打动了文文，他同意了，并和我拉钩。以后做操时，我更加注重和文文的非语言交流，时常给他真诚的微笑、赞许的眼神。如果他能看着我，做完操后我就给他热烈的拥抱："你能看着老师做操了，是个遵守诺言的男子汉，做操也很有进步呢。"这时文文有点羞涩的笑容里透着成功的快乐。慢慢地，他能经常看着我了，对视时我们会会心一笑。

"看着老师"，多么简单的要求，可是自控能力较弱的孩子有时很难做到这一点。对此，我付出了真挚的情感，给"提醒"穿上"赞美"的华衣，收获了一个小小的胜利。

三、动作逐渐有力到位

文文做操的动作相当随便，有点"惨不忍睹"。我说："做操时，只有用力去做，把身体伸展开，才会更加健康。"文文点点头，但依然如故。我想，这次可能不是态度问题，而是能力问题。他从来没有好好地做过操，一些我们看似简单的动作，他却不知道怎么做。于是，我手把手地指导他，帮助他感知手臂和腿伸直、弯腰、侧身等动作到底是什么样的，要达到什么幅度。过程中，我不断地鼓励他："文文，老师觉得你的动作越来越好看了呢！""不错，很有力，像阅兵仪式中的解放军了。"文文的积极性在我的鼓励声中高涨起来，动作逐渐像模像样了。

简单提醒和空洞说教是没有用的，只有给予具体的帮助才会有效。身体接触不仅让文文学会了动作，还让他真切地感受到我对他的关心，缩短了我们之间的距离。

做操时，文文的手指弯曲着，我说："手指也要锻炼，要像小树枝一样直直的，弯弯的像鸡爪一样多难看呀。"文文"扑哧"一声笑了。后来文文个别练习时情况还好，真正做操时，他又会犯老毛病，收效甚微。怎么办呢？一次做操前，我对他说："老师相信你今天一定能把动作做得很有力，会把手指伸得直直的。"没想到，他做操时真的达到了我的"希望"。这让我非常惊喜，我大声地表扬他，他也做得更起劲了。

为什么当场提醒无效，事先的鼓励却收到了令人惊喜的效果呢？我想：孩子逐渐长大，自尊心也越来越强。如果在做操时提醒，孩子嘴上不说，但心里可能会觉得没有面子，有挫折感，因此不仅不能一下子转变状态，还可能适得其反呢！而事先鼓励比较能让孩子接受，从而努力做到。

四、聪明的孩子能自己听音乐做

文文做操有了很大进步，可时不时要慢两拍，因为他还是被动地在跟着做。我鼓励他："聪明的孩子能记住动作，自己听音乐做。你的小耳朵很灵，老师相信你一定行！"我放慢速度哼唱旋律，突出动作转换时的音乐，让文文感受什么时候变化动作，什么音乐做什么动作。一遍、两遍……不知练了多少遍，文文逐渐能跟着音乐的节拍做操了。我给了他一个大大的拥抱："真了不起，文文，我就知道你行！"

如今，文文的操越做越好，还站到了排头领操呢！更让人开心的是，他参与其他活动时的习惯也在慢慢改进，变得专注、积极了。当通过自己的努力，得到大家的掌声，得到小红花时，他笑得很灿烂。

教育的根本宗旨是要孩子学会做人，真正意识到自己与他人是同样的人，同样具有发展的潜能，同样具有生存的价值，从而保持健康的心态，发展自尊心、自信心。文文慢慢学会欣赏自己、接纳自己，产生了向更高处进发的动力，这是最大的收获。

反思：

如何把热爱、尊重、接纳、理解等常挂在嘴边的先进教育理念真正转化为科学的教育行为，需要教师的思考和努力。面对孩子出现的问题，教师必须

做到:

1. 寻找真正的原因。要解决孩子的问题,就需找出问题的真正原因,以了解孩子的发展需求。先前的"小红花"策略,只是一种外在的刺激诱惑,而学习本应由内在动机驱动。我应该走进孩子的心灵,发现他的需要,给予最真实的帮助和引导,而不是提出空泛的要求,进行简单的承诺。

2. 付出智慧的爱。我们要理解孩子,尊重生命发展的规律,发现孩子的兴趣点,寻找合适的切入点,抓住点点滴滴的契机顺势引导,循序渐进,采取"分步要求、鼓励引导"的教育策略,耐心等待孩子成长。

3. 给予真心赏识。每个人都渴望得到赏识,但赏识不是空泛地、表面地、无理由地夸奖,而是要永远坚信孩子"行",有策略地、真心地鼓励和引导,让孩子真实地感受到自己成长和努力的方向,并努力前行。

座右铭

陆 夏

"座右铭"的作用是非常大的,一句深刻的话语会激励人们不断前进、不断努力、不断进步。不知道从什么时候起,我们班的孩子也有了自己的座右铭,但是他们的座右铭非常"可笑",让我们一起去听听他们是怎么说的。

一、失败是成功的母亲

用杨杨的话说,他最近倒霉透了。学本领的时候,旁边的女孩子经常和他说话,他经不起诱惑,两个人嘻嘻哈哈,完全没有听到老师讲的内容,当老师提问到他时,他一脸茫然、手足无措。运动的时候,当别人都在热身放松的时候,他不听指挥,东瞧瞧、西望望,跨栏时没跑几下就跌倒,疼得哇哇叫。个别化学习时,他一个人拿着沉浮材料做实验,手忙脚乱地把水打翻,实验没有成功，自己的衣服却弄湿了。

一整天下来，杨杨没有几件事情是做成功的，但是他并没有寻找失败的原因，垂头丧气地躲在角落里。我走过去问他怎么了，他回了我一句："今天很倒霉，今天很失败。"

看到他情绪这么低落，我就告诉他："失败乃成功之母。"他有些迷惘地看着我："老师，什么意思啊？""'失败'就是你现在这个样子，'乃'就是'是'的意思，'母'就是'母亲'的意思。"他很会举一反三，马上回答我："失败是成功的母亲。"我看他对这句话有了自己的解释，也挺开心的，说："对，有失败，才会有成功，看你努力不努力了。"

第二天，杨杨来到幼儿园，情绪好多了，运动跨栏时又摔倒了，他马上对自己说："失败是成功的母亲，我要努力！"他坚持又跑了几次，一次比一次好，他发现这句座右铭很适合他的现状。

有的时候，一句好的话可以鼓励一个正处在低谷的人，让他重新振作，克服困难，即使这句话听上去比较"可笑"。

二、Good good study，day day up

璐嘉的妈妈喜欢教孩子学英语，并且每次在学英语之前都要让孩子说一句话来激励她："Good good study，day day up。"璐嘉很快就学会了这句话。来到幼儿园，璐嘉没事情就喜欢说这句话。很多孩子都学着她，拿腔拿调地说着。刚开始我没有听清楚她在说什么，于是问她："你在说什么呢？""我的妈妈教我的，每次学英语之前，妈妈都让我说一遍。""那你知道是什么意思吗？"她一下子没有反应过来，想了想说："不知道，妈妈没有告诉我。"我请她回家问问妈妈究竟是什么意思。

第二天，璐嘉兴奋地跑过来对我说："陆老师，我知道那句话什么意思了，妈妈告诉我了，Good good study 是好好学习的意思，day day up 是天天向上的意思。""原来是这样，那你等下跟小朋友们说说这句话的意思吧。"璐嘉马上去跟好朋友宣传她这句座右铭的意思了。不久，每个孩子都知道了这句话，并且做事情之前都会说一句。

孩子与孩子之间的影响是非常大的。一句简单的英文座右铭可能会让孩子学习更认真、更努力。

反思：

人的一生中，在不同的环境中需要不同的座右铭激励自己。作为大班的孩子们，他们已经有一定的认知能力、理解能力，对一些座右铭有了自己的理解，并且用直白、"有趣"的语言去理解。虽然有些座右铭听起来怪怪的，但是只要对孩子有激励作用，能帮助他们恢复自信，那都是好的。

附　录

附录一

儿童个案观察记录

跟踪对象：轩轩（中一班）

记录者姓名：张燕萍

一、个案基本情况分析

背景分析：

轩轩父母工作较忙，不常在身边陪伴，主要由其奶奶和阿姨照顾。家人在孩子的教育上缺乏方式方法，有溺爱和包办代替倾向。

行为表现：

轩轩，班级中年龄比较小的孩子，在入园之初就显现其个性，常常不受纪律约束，喜欢四处跑动，干扰他人的正常活动。同时，常表现得没有自信，喜欢哭着说"我不会"，期望成人的帮助。有时候就算是自己能够完成的事情，他也不能够坚持做完，更不要说听取别人的一些建议。

二、培养目标

1. 鼓励他融入集体，乐意愉快地与同伴共同游戏、学习、生活。
2. 帮助他树立信心，愿意与同伴交往，感受与人交往的乐趣。
3. 愿意在集体中较自然、大胆地表现。

三、观察记录

儿童个案观察记录表（1）

幼儿姓名	轩轩	观察重点	活动的情况
观察日期	3月13日	开始时间	个别化活动开始
		结束时间	个别化活动结束
观察人	张燕萍	观察地点	教室
观察环境（背景描述）（被观察儿童正在做什么或参加什么活动）	个别化学习活动开始了，轩轩和贝贝在玩"听辨声音"游戏。贝贝开始摇摇手中的瓶子，猜测里面是什么东西，但是轩轩却还是坐着一动不动。		
观察实录（文字＋图表＋儿童的作品／语言）	"轩轩，怎么不打开呀？"我问他。 他坐在椅子上小声地说："我打不开……" 于是我又在他面前示范了一次，并且告诉他："轩轩，现在会了吧？来，试一试！"但是轩轩还是坐在椅子上一动不动，嘴巴里直嚷嚷："我不会的，不会的。" 想到轩轩平时的依赖心理非常重，于是我决定不理会他，转过头问旁边的贝贝："贝贝，瓶子打开了吗？""打开了！"贝贝高兴地把里面的东西拿出来看："是绿豆。"轩轩似乎有些心动，对贝贝说："给我看一下……"贝贝正准备给他，我马上阻止："贝贝，我们等轩轩打开自己的瓶子，再交换看一看好不好？" 贝贝马上答应了，把自己的瓶子盖上了。看到贝贝不肯让自己看，轩轩终于决定自己动手打开了。		
结论（评价）分析	轩轩不操作不是因为不会，而是想老师帮他动手，换句话说就是想偷懒。所以在引导他动手无效之后，采取迂回方式，知道他还是愿意参与游戏的，所以就用结果来激趣，似乎效果不错。对于轩轩，强硬地告诉他如果自己不操作就没有办法共享结果，比直接帮他来得有效。		
措　　施	不一样的孩子所采取的方式也是不一样的。在我们的活动中，我们强调孩子坚持完成自己的活动，这是我们希望孩子能够产生责任意识。那么在活动中，正确分析孩子的情况，提供给孩子继续下去的支持也不尽相同：可能有些孩子责任意识的产生需要我们进行一些手段、经验上的支持；有些孩子需要我们真心地欣赏并帮助他们建立坚持操作的信心；有的孩子则需要我们适当地进行一些冷处理，用一些迂回的方式让孩子达成自己的操作。 在与轩轩妈妈交流后，轩轩妈妈说现在也会有一些自己的处理方式，如果碰到轩轩能够完成的事情，而轩轩找各种理由不去完成的时候，他们就会对轩轩进行冷处理，进行"面壁思过"。		

儿童个案观察记录表（2）

幼儿姓名	轩轩	观察重点	自己穿裤子
观察日期	3 月 18 日	开始时间	午睡开始
		结束时间	午睡结束
观察人	张燕萍	观察地点	午睡房
观察环境（背景描述）（被观察儿童正在做什么或参加什么活动）	大家陆陆续续起床了。有的孩子在自己穿衣服，有的举手请老师帮忙，轩轩也乖乖地拿着自己的衣服坐着不动。		
观察实录（文字＋图表＋儿童的作品／语言）	我帮琪琪扣扣子的时候，突然听到轩轩的哭声："老师，我不会穿衣服。""等一下，我马上就过来给你穿。"帮琪琪穿好衣服后，我马上帮助轩轩把衣服穿好，然后帮他把裤子正反面放好："轩轩，裤子自己穿。"接着我去帮助其他小朋友了。"老师，我不会穿裤子。"这时轩轩又开始哭喊起来了。生活老师过去帮他把裤子套在脚上，然后对他说："自己把裤子拉起来吧，轩轩很棒！""老师，我不会。"轩轩流着眼泪说……见没有可能得到帮助，轩轩就自己慢慢地把裤子提了起来。我表扬他："你看，轩轩会自己穿裤子的，很棒！"他也开心地笑了。 接下来一段时间，轩轩在起床的时候虽然还有小情绪，但在老师不断表扬和鼓励下，终于肯自己动手穿衣服了！		
结论（评价）分析	1. 家长过分溺爱包办代替，导致孩子在家中生活自理能力得不到锻炼，缺少练习机会，久而久之，造成他生活自理能力弱。 2. 注意力不集中，没有良好的习惯。我们关注幼儿生活能力培养，但是发现轩轩在学习生活技能时，总不认真听，也不跟着做，久而久之，别的孩子会了，他还是不会。		
措　施	1. 与家长沟通，建议家长与幼儿园配合，家园合力培养其生活自理能力。 2. 建议其父母多与孩子相处，担负起教育重任。 3. 教师和奶奶也进行交流，让奶奶也初步具备正确的教育观，不要总包办代替。 4. 鼓励家长对孩子进行正面引导，并提供机会让幼儿进行尝试。 现在，只要早上时间充裕，奶奶都会让轩轩自己尝试着穿衣服，提高轩轩的自理能力。		

儿童个案观察记录表（3）

幼儿姓名	轩轩	观察重点	老师，我来帮忙
观察日期	4月9日	开始时间	运动材料准备
		结束时间	运动时
观察人	张燕萍	观察地点	操场
观察环境（背景描述）（被观察儿童正在做什么或参加什么活动）	运动时，小朋友们和老师一起准备运动场地器材，很多小朋友自告奋勇举手想帮忙，刘轩诚终于也举起了小手。		
观察实录（文字＋图表＋儿童的作品/语言）	只见轩轩高高举起小手，并悄悄让自己更靠前，让老师看到他。我请到他，他很兴奋，去拿了器械，并主动帮助分发器械。活动结束后，他非常积极地帮忙整理运动器械。"轩轩做得真棒！"我表扬他，他开心地对我笑。		
结论（评价）分析	轩轩主动帮助班级做事，能指导他人把物品放到指定的地方，对自己有了一定的信心，要逐渐巩固其良好行为。		
措　　施	教师在教育过程中强化正确行为，使幼儿在自然情境中自由和幼儿交往，并教育家长改变教育方法，从而使幼儿形成活泼开朗的性格，并乐于和同伴交往。 在家里，轩轩妈妈也鼓励轩轩做一些力所能及的事情，如去超市购物，帮助妈妈拿东西，妈妈会予以一定的鼓励或者奖励来表扬轩轩，巩固他这种行为。		

儿童个案观察记录表（4）

幼儿姓名	轩轩	观察重点	老师我不要吃
观察日期	4月23日	开始时间	午餐时
		结束时间	午餐后
观察人	张燕萍	观察地点	餐厅
观察环境（背景描述） （被观察儿童正在做什么或参加什么活动）	午餐开始了，今天中午有莴笋炒蛋和红烧肉百叶结等菜。轩轩每天的午饭，对于我们来说都是一场"战斗"。		
观察实录 （文字＋图表＋儿童的作品/语言）	果然轩轩刚坐在位子上，他就说："我不吃菜！"我说："要吃的，青菜营养好。"他只挑菜碗里的肉吃，吃到没有了就端着碗说："老师，我还要肉和卷卷的东西。"我说："把碗里的蔬菜吃掉了，我就给你一些百叶结。"他倔强地说："我不要吃菜，我要肉。"于是我走过去，端起碗喂他，他倔强地不张嘴，我筷子凑到哪边，他就把嘴巴转到另一边，最后干脆趴在桌上不吃了，于是中饭只吃了一点。		
结论（评价）分析	轩轩挑食现象比较严重，喜欢用手把不吃的都挑出来，或者直接耍脾气不吃，任是怎么劝、哄都没用，只吃自己喜欢的食物。但是我发现他喜欢吃饭和汤，如果饭里面加点汤汁，他就会吃得干干净净；偏爱豆制品而不是荤菜；点心和零食很喜欢吃，所以主餐吃得少也不会饿。奶奶说他在家也是这样，不吃东西，不过只要有汤就会吃得下。		
措　　施	对于挑食现象，需要家长和老师一起努力。在家里，不能全部依着他，只吃他喜欢吃的食物，还给他买许多的零食，而忽略了营养搭配，他本来就是肥胖儿童，这样只会增加肥胖程度。在学校，需要慢慢学会吃蔬菜，用表扬的话语鼓励他先尝一尝，只要他肯尝试，就会慢慢习惯。		

儿童个案观察记录表（5）

幼儿姓名	轩轩	观察重点		拍皮球
观察日期	4 月 28 日	开始时间		运动开始时
		结束时间		运动结束
观察人	张燕萍	观察地点		操场
观察环境（背景描述）（被观察儿童正在做什么或参加什么活动）	今天运动，我们在 2 号场地玩球。有的小朋友在拍皮球，有的在打篮球……轩轩还是坐在草地上看着朋友们游戏。			
观察实录（文字＋图表＋儿童的作品/语言）	一些小朋友早已开始拍球了，轩轩坐在那儿，用羡慕的目光看着别人拍球。我拿了一个球请他拍，他摇摇头说："我不会。"我说："我教你。"他还是不拍，我说："这球圆滚滚的可真好玩。"他还是坐着一动不动。我觉得现在对他进行说教是行不通的，于是换另一种方法，我自己拿球拍了起来。刚拍几下就把球拍到轩轩那儿去了，他赶紧跑过去把球捡给我。我又重复上次的动作，他又去帮我捡球，我说："你把球扔给我吧。"他就把球扔给了我。我们俩反复了几次后，我表扬了他："你的球扔得真好，球接得也好，你真棒！"他露出了兴奋的笑脸，接下来他自己拿球玩了起来。我相信有了今天的开始，他会很快学会拍球的。			
结论（评价）分析	轩轩比以前有了不小的进步，虽然有时候还是会说"我不会"，但是在老师的指导和帮助下，他也开始慢慢愿意尝试。			
措　　施	建议家长多放手，引导孩子做一些力所能及的事，在家中多和他交流、游戏。只要孩子肯动手，就给予孩子鼓励和表扬，在日常生活中随时注意观察他的兴趣点，抓住他的兴趣爱好，给予积极地支持和帮助。 在与家长沟通过后，这段时间，轩轩在家会和爸爸一起练习拍皮球，轩轩拍皮球的能力有了很大提高。 在班级里，我特意制造各种机会，采用赏识、鼓励、表扬、微笑、拥抱等多种教育手段，引导他积极参与各种教学活动，并利用同伴们的力量来感染他、激励他，鼓励他多和小朋友一起参与游戏等活动。			

儿童个案观察记录表（6）

幼儿姓名	轩轩	观察重点	认真做事
观察日期	5月7日	开始时间	学习活动开始时
		结束时间	学习活动结束
观察人	张燕萍	观察地点	教室
观察环境（背景描述） （被观察儿童正在做什么或参加什么活动）			
观察实录 （文字＋图表＋儿童的作品／语言）			
结论（评价）分析			
措　　施			

观察环境（背景描述）（被观察儿童正在做什么或参加什么活动）

学习活动开始了，今天我们进行绘画活动。轩轩愿意画画，但是怕自己画不好，总是要老师帮忙。

观察实录（文字＋图表＋儿童的作品／语言）

今天我让孩子们自己进行绘画。开始我做了示范，当我给孩子们发笔的时候，轩轩对着我说："老师，我不会。"我告诉他："不要紧，老师再给你讲一讲。"等我给孩子们发完了纸和笔，这时轩轩眼睛看着我好像又在说："老师我不会。"我走过去告诉他："轩轩，来我们一起画。"我一边说一边和他一起做。慢慢地，我让他自己画鞋子的花纹，在我的鼓励下，他开始动笔，我急忙说："就是这样，轩轩你做得很棒！你看你画的花纹像什么？"在交谈中，他慢慢地放开了。

结论（评价）分析

当遇到事情时，不想努力或求助于人，这些都是幼儿缺乏自信的表现。在和他妈妈的谈话中我也感觉到，轩轩在家没受到过任何的挫折。因为他是一个男孩，事事都被包办代替，让孩子过着"衣来伸手、饭来张口"的生活。这样的孩子总是期待照顾，做事时总是怀疑自己的能力，缺乏自信。

措　施

1. 用语言鼓励

在各种活动中，我发现轩轩是一个胆小的孩子，有许多事情不敢主动去做。每当遇到这种情况时，我总是以鼓励的语气告诉他："只要你去做，你一定能行。"当孩子遇到困难时，我先让孩子自己去做，然后进行适当的帮助，让孩子明白挫折并不可怕，关键是有没有勇气去面对，去承受。

2. 用眼神鼓励

像轩轩这样的孩子，每当他们做事情时，我们要时刻注意，随时给他们一个鼓励的眼神，冲他微笑、点点头，让他们知道老师随时关注他，给他增加信心。

3. 给孩子表现的机会

上活动课时，多让这样的孩子参加游戏活动，多来前面表现自己，让幼儿觉得自己能行，有成就感。

儿童个案观察记录表（7）

幼儿姓名	轩轩	观察重点	做事情的坚持性
观察日期	6月5日	开始时间	个别化活动开始
		结束时间	个别化活动结束
观察人	张燕萍	观察地点	教室
观察环境（背景描述） （被观察儿童正在做什么或参加什么活动）	个别化活动开始了，轩轩在吃好点心后，来到了美工区。		
观察实录 （文字 + 图表 + 儿童的作品 / 语言）	轩轩看到贝贝画了一个很漂亮的皇冠，上面还有贴纸装饰呢！他看了一会儿，便也照着画起来。看到他的举动，我立刻问他："你也想和贝贝画一样漂亮的皇冠吗？"他点点头，我又继续鼓励他："那你可以用这些材料装饰皇冠哦。"我指着旁边的贴纸和即时贴。轩轩看了看我，点点头。经过一段时间，他终于完成了作品。看着自己完成的皇冠，他开心极了！他还把皇冠戴在了头上，像一个小王子一样。		
结论（评价）分析	在以往的美术活动中，轩轩大多是半途而废，对画画更是三分钟热度，虎头蛇尾，缺乏耐心。一方面，轩轩缺少坚持性，另一方面，他也受到手指协调性的约束。今天，通过简单的涂色游戏，轩轩第一次感受到了自己独立完成的乐趣，对自己的动手操作增加了信心。		
措　　施	活动中，看到孩子有积极的表现欲望时，老师应该抓住教育契机，在鼓励的同时，提出一定要求（通过轩轩的努力能够完成），让幼儿通过自己的努力体验成功的乐趣。		

儿童个案观察记录表（8）

幼儿姓名	轩轩	观察重点		与人交往
观察日期	6月15日	开始时间		午餐后
		结束时间		午睡前
观察人	张燕萍	观察地点		教室
观察环境（背景描述）（被观察儿童正在做什么或参加什么活动）	昨天没来幼儿园，今天，我一到幼儿园，孩子们就热情地和我打招呼。			
观察实录（文字＋图表＋儿童的作品/语言）	轩轩第一个向我冲了过来："老师，你昨天去哪里了？""去开会了，有什么开心的事呀？"他用手抓了抓头说："沈老师教我们做夏天的衣服。"我接着问他："那你的衣服呢？完成了吗？""我……我不会做衣服，然后哭了。"他难为情地小声说。"那你没做衣服吗？"我问他。"后来，周老师来了，帮我一起做衣服。"他一边说着一边把衣服从衣帽间拿了出来。我拉着他的手，对他说："衣服做得很好看！你好厉害！但是下次不能再哭鼻子喽，如果不会的话可以请老师帮忙，这样就更加棒了！"轩轩点点头。			
结论（评价）分析	轩轩小朋友是个不太会表达的孩子。虽然他十分愿意表达自己的想法，但是胆子小，缺少锻炼。今天，他主动与我交流，虽然因为做衣服有哭闹，但是轩轩还是主动把发生的事情告诉了我。			
措　　施	我首先对他的成功表示了肯定，但是也对他用哭闹来解决问题提出了意见。虽然在交流中，他的话语没有完全表现出来，但是我为他在交往上的进步而高兴，这是一个良好的开始。我没有急着让他回忆剩下的话语，而是欣赏地鼓励他，相信在以后的日子中，他会更加活泼可爱，他的语言表达能力会更强。			

个案小结

　　经过一个学期的努力，轩轩在自理能力以及自信心方面有了不小的提升，平时也能主动地与老师、同伴交往，积极地参加各种活动……

　　针对轩轩畏惧、怯懦的特点，我采取树立榜样和耐心帮助相结合的方法，促使轩轩克服胆怯心理，以勇敢、无畏的精神去锻炼自己。如在一次走平衡木的练习中，其他小朋友都兴致勃勃地参与活动，并为自己的"探险"成功而欢呼，此时，轩轩却躲在队尾想逃避练习。我用信任和鼓励的目光注视着他，说："勇敢一点，你一定能成功！"轩轩在我的耐心帮助下，终于敢走平衡木了。在大家的一片赞扬声中，轩轩那张本是充满畏惧神色的小脸终于有了欣喜的笑容。

针对轩轩被动与消极的情绪状态，我注重从其感兴趣的事物中捕捉教育契机，让他有机会发挥自身的兴趣爱好，在已有经验的基础上，获得更多的成就感。如他特别喜欢做早操，尽管他的动作姿态不够标准，但做起来还是挺神气的。我特意对着全班幼儿肯定他的优点，表扬了他的进步，帮助他树立了自信心。在幼儿园的一些集体表演的节目中，让他担当一些适当的角色，让其有更多的机会与其他的幼儿直接接触，彼此相互影响，培养他的集体意识。

此外，主动与家长联络交流，共同研究探索一套科学的、适应轩轩特点的教育方案。如让轩轩动手做自己能做的事；关注和支持轩轩有益的兴趣和爱好，并为之提供方便，培养他的主动性和参与意识；多以积极肯定的态度来帮助轩轩树立自强、自立、自信的信念。

附录二

各年龄段主题活动中礼仪内容分析整合表列举

小班主题活动中礼仪内容分析整合表

表1

主题名称		小宝宝、娃娃家	
主题目标		1. 学用普通话说出自己的姓名，能关注自己与同伴的五官与四肢。 2. 了解自己的家和家人，亲近父母与长辈，以各种方式表达自己的情感。	
序　号	学习 活动名称	活　动　目　标	活动中礼仪知行 结合点描述
①	小小手	1. 欣赏儿歌，能按照儿歌内容做相应动作。 2. 尝试用不同的手势表现基本的礼貌用语。	交往过程礼仪：用 手势进行礼貌招呼
②	好孩子不 要妈妈抱	1. 能够跟唱歌曲，边唱边做动作。 2. 知道自己慢慢长大了，自己能做的事情要自己做。	个人生活礼仪：体 谅大人的辛苦，做 力所能及的事
③	快乐的梦	1. 欣赏理解故事内容，能够大胆表达自己的想法。 2. 喜欢亲近妈妈，能够用语言表达对妈妈的爱。	公共生活礼仪：关 爱家人
④	整理鞋子	1. 能按照鞋子的特征进行配对，并根据鞋子的大小找到匹配的鞋盒。 2. 乐意收拾物品，养成良好的整理习惯。	个人生活礼仪：学 会收拾整理
特设 内容①	我会应答	1. 知道及时"应答"是一种礼貌行为。 2. 体验"应答"游戏的快乐。	
特设 内容②	猪小弟变 干净了	1. 学唱歌曲，感受歌曲的幽默。 2. 萌发做个清洁宝宝的良好愿望。	

（续表）

序　号	学习活动名称	活　动　目　标
特设内容③	我会整理	1. 知道玩具是我们的好朋友，不仅能给我们带来快乐，还能帮助我们学到本领。 2. 知道要爱护玩具，玩过玩具后要把玩具放回原处，并摆放整齐。
其他渗透点	阶段生活渗透点	1. 乐意做清洁宝宝。 2. 能自觉礼貌招呼并及时应答。
	阶段运动渗透点	1. 做操有精神，走跑站坐姿态正确。 2. 及时穿脱衣服，擦汗等方法正确，注意自我保育。 3. 知道玩好玩具后要整理摆放好。
	阶段游戏渗透点	1. 有自己的好朋友，愿意结交新朋友。 2. 有高兴的事情愿意与人分享。 3. 不争抢玩具，乐意与同伴分享玩具。

表2

主题名称		我的幼儿园、小花园	
主题目标		1. 乐于参加集体活动，体验幼儿园生活的快乐，能遵守简单的集体规则。 2. 喜欢观察周围的花草树木，有爱护它们的情感。	
序　号	学习活动名称	活　动　目　标	活动中礼仪知行结合点描述
①	大家一起玩	1. 知道玩具的名称和玩法，乐意与同伴交换玩。 2. 尝试用短句说说和同伴一起玩的方法。	交往过程礼仪：乐意与同伴分享玩具（儿歌：你来玩、我来玩，换一换、真开心，玩好了，还给你。）
②	胖熊吹气球	1. 初步理解故事内容。 2. 体验有朋友的快乐，乐意与朋友分享玩具。	交往过程礼仪：乐意与同伴分享玩具
③	哥哥姐姐喜欢我	尝试在哥哥姐姐面前介绍自己，喜欢和哥哥姐姐一起玩。	交往过程礼仪：能礼貌地与人交往
④	蜡笔宝宝找家	鼓励幼儿用完蜡笔后能把蜡笔宝宝放回蜡笔盒中。	公共生活礼仪：整理玩具
⑤	小熊画大树	1. 观察、理解《小熊画大树》的有趣情节，尝试用语言与肢体表达故事内容。 2. 喜欢大树，愿意和大树做朋友。	公共生活礼仪：爱护树木

（续表）

序　号	学习 活动名称	活　动　目　标
特设 内容①	懒猴上 幼儿园	1. 欣赏诗歌，理解诗歌内容，知道"害臊"的意思。 2. 感受诗歌的有趣和幽默，知道长大了要自立。
特设 内容②	小象 要回家	1. 理解故事内容，懂得幼儿园玩具是给大家玩的，不能拿 　回家。 2. 学习短句：我的家在幼儿园的玩具柜里，××要回家。
特设 内容③	花儿好看 我不摘	1. 理解诗歌，知道"花儿好看我不摘"。 2. 了解春天是花开的季节，喜爱春天，感受春天的特征。
其他 渗透点	阶段生活 渗透点	1. 餐前用正确的方法洗手。 2. 餐后摆放好餐具，用正确的方法漱口。
	阶段运动 渗透点	1. 能够交换玩具、轮流场地玩。 2. 在成人指导下不争抢玩具、不独霸玩具。
	阶段游戏 渗透点	1. 喜欢玩角色游戏，扮演角色。 2. 愿意与大家分享快乐的事情，有事愿意告诉老师。

表3

主题名称		好朋友、理发店	
主题目标		1. 喜欢自己的朋友，体验与老师、同伴一起活动的快乐。 2. 了解理发师的劳动，愿意理发。	
序　号	学习 活动名称	活　动　目　标	活动中礼仪知行 结合点描述
①	小猪的 野餐	1. 理解故事内容，学说故事中的情景对话。 2. 感受分享给大家带来的快乐。	交往过程礼仪：分 享快乐
②	小老鼠 奇奇	1. 愿意用普通话，猜猜讲讲自己看到的 　东西。 2. 愿意将好吃的东西与同伴分享。	交往过程礼仪：分 享快乐
③	谁来了	1. 喜欢和同伴一起看看、猜猜、说说， 　愿意表达自己的想法。 2. 体验和好朋友在一起的快乐。	交往过程礼仪：能 礼貌地与人交往
④	小刺猬 理发	1. 尝试有节奏地朗诵，感受诗歌的趣 　味性。 2. 知道应该勤理发，做个讲卫生的好孩子。	个人生活礼仪：个 人卫生

（续表）

序　号	学习活动名称	活　动　目　标
特设内容①	最要好的朋友	1. 欣赏故事，理解故事内容，感受小动物之间互帮互助的快乐。 2. 知道好朋友之间要互相帮助。
特设内容②	《孔融让梨》（绘本）	1. 理解故事，在老师引导下观察画面。 2. 知道家人之间要互相关爱，感受与家人在一起的快乐。 3. 在活动中体验分享、谦让的快乐。
特设内容③	小朋友爱清洁	1. 理解儿歌内容，学习按儿歌韵律有节奏地朗诵儿歌。 2. 愿意做个爱清洁、讲卫生的孩子。
其他渗透点	阶段生活渗透点	1. 乐意分享生活中的快乐，珍惜他人的劳动成果。 2. 知道人多洗手要排队。
	阶段运动渗透点	1. 不争抢玩具，学会排队、轮流玩。 2. 爱护玩具，愿意运动后将玩具归还原处。
	阶段游戏渗透点	1. 游戏中能表现角色的礼貌言行。 2. 能够愿意协商，轮流扮演自己喜欢的角色。

中班主题活动中礼仪内容分析整合表

表1

主题名称		我　爱　我　家	
主题目标		1. 尝试采用多种方式收集身边的信息，了解自己的家。 2. 尊重父母和长辈，感受家的温暖。	
序　号	学习活动名称	活　动　目　标	活动中礼仪知行结合点描述
①	帽子床	1. 欣赏理解故事《帽子床》，积极参与问题讨论并能清楚地表达。 2. 感受父母对自己的关爱，体会一家人在一起的温馨。	交往过程礼仪：知道尊敬长辈，体贴、关爱家人
特设内容①	快快乐乐过中秋	1. 认识传统节日中秋节，知道其来历及有关习俗。 2. 分享月饼，体验节日的快乐。	
特设内容②	老师老师我爱你	1. 知道教师节是几月几号，是谁的节日。 2. 通过儿歌，表达对老师的爱。	

（续表）

序 号	学习活动名称	活 动 目 标	活动中礼仪知行结合点描述
特设内容③	大家都爱这个家	1. 理解诗歌《大家都爱这个家》，尝试用诗句仿编。 2. 懂得每个家庭成员都不可缺少，萌发爱父母、爱家庭的情感。	
其他渗透点	阶段生活渗透点	1. 能够做到仪表整洁，正确使用筷子，注意文明用餐。 2. 能主动与长辈打招呼，知道尊敬长辈、关爱家人。	
	阶段运动渗透点	1. 能够排队，有序上下楼梯。 2. 遵守运动游戏规则，运动结束后学习整理器械。	
	阶段游戏渗透点	1. 会说礼貌用语，会招待客人。 2. 能够协商游戏，遵守游戏规则。	

表 2

主题名称	幼儿园里朋友多		
主题目标	1. 关注同伴，乐于与同伴友好相处，体验与老师、同伴共处的快乐。 2. 了解自己是集体中的一员，形成初步的合作意识、规则意识和任务意识。		
序 号	学习活动名称	活 动 目 标	活动中礼仪知行结合点描述
①	金色的房子	1. 理解故事内容，知道小朋友要礼貌好客，才能有好朋友。 2. 体验与好朋友在一起分享的快乐。	交往礼仪：礼貌好客、交朋友、分享的快乐
②	桃树下的小白兔	理解故事内容，懂得同伴间要互相帮助、团结友爱的道理。	交往礼仪：互相帮助、团结友爱
③	玩具兵找朋友	1. 愿意与陌生人交往，体验结识更多朋友的快乐。 2. 仔细观察画面，理解玩具兵故事的内容。	交往礼仪：交朋友、好交往
④	朋友的生日	1. 关注同伴，体验和同伴一起过生日的欢乐。 2. 尝试在月历中寻找自己和朋友的生日。	交往礼仪：关心朋友、一起分享
⑤	两只羊	1. 学习儿歌，感受儿歌的趣味性。 2. 懂得同伴间要礼貌相待，互相谦让。	交往礼仪：礼貌相待、互相谦让

（续表）

序　号	学习活动名称	活　动　目　标	活动中礼仪知行结合点描述
⑥	小羊和狼	1. 观察不同角色间对话的表情，并尝试扮演故事角色进行对话。 2. 知道团结起来力量大。	交往礼仪：团结力量大
⑦	鲜花送老师	1. 掌握对折剪纸的方法，自制鲜花。 2. 体验师生间的美好情感。	公共礼仪：尊敬老师
特设内容①	风娃娃做客	朋友间友好交往，能看到对方的优点。	
特设内容②	打电话	1. 打电话的时候能礼貌用语，在适当时间打电话。 2. 体验打电话游戏的快乐。	
特设内容③	萝卜回来了	1. 理解故事内容，知道有礼貌、讲诚信是好孩子。 2. 喜欢故事表演，体验故事表演的快乐。	
特设内容④	找朋友	1. 知道朋友间应该互相帮助、互相关心。 2. 体验找朋友游戏的快乐。	
其他渗透点	阶段生活渗透点	1. 用正确的姿势午睡。 2. 睡前安静倾听故事，学习整理衣被等。	
	阶段运动渗透点	1. 上下楼梯要靠右，不推也不挤。 2. 能和同伴一起玩。	
	阶段游戏渗透点	1. 能够倾听同伴的发言，乐意分享游戏的快乐。 2. 会商量着与同伴一起玩游戏。	

表3

主题名称		周　围　的　人	
主题目标		1. 关心周围人们的活动，了解常见社会成员的工作及与我们之间的关系，并尊重他们的劳动。 2. 体验社会成员之间的互相关心和友好交往，愿意向他们学习。	
序　号	学习活动名称	活　动　目　标	活动中礼仪知行结合点描述
①	参观小区	1. 观察小区的卫生、休闲、保安、绿化等各种设施，参观了解社区中的各种资源，初步懂得各种设施给我们生活带来的便利。 2. 参观小区时能做到爱护绿化，不乱扔垃圾。	公共礼仪：爱护绿化

（续表）

序 号	学习 活动名称	活 动 目 标	活动中礼仪知行 结合点描述
②	学做 交通警	1. 了解1—3个交警的手势及意义。 2. 通过手势的学习，学会遵守交通 规则。	交通礼仪：不乱闯 红灯、过马路要走 斑马线、行人要走 人行道
③	参观商店	1. 遵守参观商店的注意事项。 2. 学习有重点地表达自己的见解。	交往礼仪：有礼貌、 会说谢谢和请、不 乱翻东西、按标示 走路
④	建筑工人	了解建筑工人工作很辛苦，学会尊重 他们。	公共礼仪：学会尊重
⑤	保卫 我们的人	1. 了解解放军的兵种，了解他们在保卫 国家、打击敌人中的作用。 2. 激发幼儿敬爱解放军的情感。	公共礼仪：敬爱解 放军、保卫祖国
⑥	观看杂技 表演	1. 知道看演出的时候要保持安静。 2. 演员表演结束后要拍手鼓掌。	公共礼仪：文明观 众、遵守秩序
特设 内容①	一个特殊 的邮包	1. 知道不乱扔垃圾、爱护小区环境。 2. 乐意做文明小卫士。	
特设 内容 ②	幸福小镇 的小花园	1. 知道爱护花草树木、不乱扔垃圾。 2. 体验做护绿小使者的快乐。	
特设 内容③	幼儿园里 的人	学会尊重，乐意扮演不同工作的角色。	
特设 内容④	垃圾分类	1. 能够知道生活中垃圾分类的方法。 2. 体验垃圾分类游戏的快乐。	
其他 渗透点	阶段生活 渗透点	1. 饭后能用正确的方法漱口。 2. 愿意做清洁小卫士。	
	阶段运动 渗透点	1. 能够注意自我保护，运动时不做危险动作，避开危险物。 2. 运动后能与伙伴一起整理运动器械。	
	阶段游戏 渗透点	1. 能收放整理玩具。 2. 在游戏中遵守角色行为规则，做一个文明小公民。	

大班主题活动中礼仪内容分析整合表

表1

主题名称	我是中国人	
主题目标	1. 知道我国的首都是北京，北京有天安门，萌发热爱祖国的情感。 2. 了解祖国的地域辽阔，知道中国标志性的景点与建筑。 3. 了解10月1日国庆节是全国人民的节日，体验庆祝国庆的欢乐情绪。 4. 尝试了解我国丰富多彩的民间节日和习俗，感受参加民间活动的快乐。 5. 初步了解我国主要的名胜和特产，愿意交流各自旅游的经验和感受。 5. 尝试用询问、调查、阅读等不同方式收集信息和材料。 6. 感受祖国的雄伟和美丽，激发对祖国的热爱之情。	
序　号	学习 活动名称	活　动　目　标	活动中礼仪知行结合点描述
①	五星红旗	1. 知道五星红旗是中国国旗，了解我国国旗旗面各部分的含义。 2. 通过活动进一步激发幼儿热爱祖国的情感。	公共礼仪：尊敬国旗、热爱国旗
②	献上最美的哈达	1. 知道我国是一个多民族国家，了解西藏地区的民族风俗习惯。 2. 学习用领唱、齐唱的方法，掌握藏族歌曲的特点。	交往礼仪：团结就是力量，五十六个民族要团结起来
③	跟我去旅行	1. 在看看、讲讲的过程中，初步了解上海和北京的一些著名景点。 2. 进一步探索对中国其他名胜的兴趣，培养幼儿热爱祖国的情感。	公共礼仪：热爱祖国，激发做中国人的自豪感
④	老鼠娶新娘	1. 理解故事内容，明白任何事物都不是完美的。 2. 喜欢自己和别人的长处，承认自己的短处，学习取长补短。	交往礼仪：学会欣赏他人的优点，能主动向同伴学习
⑤	中国功夫	1. 在理解歌词大意的基础上，能用身体动作表现歌曲内容。 2. 进一步了解中国武术，能够表现出中国功夫雄壮有力的气概。	交往礼仪：喜欢中国武术，激发做中国人的自豪感
⑥	大阿福拜年	1. 了解春节拜年的传统节日礼仪 2. 体验相互"拜年"的快乐	交往礼仪：春节拜年

（续表）

序 号	学习活动名称	活 动 目 标
特设内容①	从小爱祖国	学习有感情地朗诵诗歌，激发幼儿爱祖国的情感。
特设内容②	各族人民心连心	1. 了解我国是个多民族的国家，各族人民都是我们的亲兄弟。 2. 初步了解几个不同民族的风貌，用特有的舞蹈动作表示相应的民族舞。
其他渗透点	阶段生活渗透点	1. 仪表端庄有精神。 2. 热情招呼，做有礼貌的中国人。
	阶段运动渗透点	1. 早操律动有精神，动作到位有气势。 2. 能主动帮助同伴解决运动中碰到的问题，喜欢帮助别人。 3. 升国旗时行升旗礼。
	阶段游戏渗透点	1. 能够主动与人沟通，协商解决问题。 2. 能调整自己的行为，与同伴合作游戏。

表2

主题名称	我 自 己	
主题目标	1. 了解身体各个部位都会活动，会欣赏和保护自己的身体，懂得活动能使我们的身体更灵活。 2. 对身体的影子及其变化感到好奇，在比较中，感知和探索影子的基本特征。 3. 知道"我"是人群中的一个，体验和大家做朋友的快乐。 4. 尝试用不同的方式表达自己的情绪，学习根据同伴的表情调节自己的行为。	
序 号	学习活动名称	活 动 目 标	活动中礼仪知行结合点描述
①	街头采访	1. 在采访中，初步了解男孩女孩在外形特征和兴趣爱好方面的相同处和不同处。 2. 体验与同伴合作记录的乐趣，激发幼儿间相互喜欢的情感。	公共礼仪：采访别人的时候要有礼貌，使用礼貌用语。
②	我不生气了	1. 回忆各种情感经历，知道每个人都有多种情绪变化。 2. 了解调节情绪的方法，并加以体验。	交往礼仪：知道接待客人要保持微笑，微笑能拉近彼此的距离。

（续表）

序 号	学习活动名称	活 动 目 标	活动中礼仪知行结合点描述
③	拉拉勾	1. 感受歌曲中人物情绪的变化，学习用两种不同的唱法来演唱歌曲前后两部分。 2. 探索在歌曲表演中运用眼神、动作、表情与他人交流。	交往礼仪：知道与人交往要心胸宽广，懂得谦让。
④	名字的故事	1. 大胆交流关于姓名的由来，了解自己名字的独特性和含义。 2. 感受中国姓氏的丰富，有认识百家姓的兴趣。	交往礼仪：能向别人大胆地介绍自己的姓名，尝试与人大胆沟通。
特设内容①	感恩教师节	1. 了解教师工作的辛苦，尝试用自己的方式向老师表达情感。 2. 体验老师工作的辛苦和不容易。	
特设内容②	中秋节的故事	1. 认识传统节日中秋节，知道其来历及有关习俗。 2. 体验分享、合作的快乐。	
特设内容③	河马仔换牙	1. 理解故事，知道有关换牙的知识和方法，知道保护自己的牙齿。 2. 了解换牙标志着自己在长大，为自己长大而感到自豪。	
其他渗透点	阶段生活渗透点	1. 主动承担值日生工作，能为班级服务。 2. 提醒同伴帮助老师做力所能及的事情（帮助老师整理游戏区物品），向老师表达节日的祝福。	
	阶段运动渗透点	1. 和同伴互相帮助，团结友爱。 2. 能排队喝水，不推挤同伴。	
	阶段游戏渗透点	1. 能够学习协商、分配游戏角色。 2. 愿意结交新朋友，能大胆地向同伴介绍自己。 3. 能主动与人分享快乐的事情。	

表3

主题名称	我要上小学
主题目标	1. 熟悉、了解如何爱护和正确地使用学习用品。 2. 逐步习惯整理和保管好自己的用品。 3. 初步了解小学生的学习和活动，向往当个小学生。 4. 模拟小学生的生活，初步感受小学生的学习活动。 5. 体会我们已经长大，并以愉快的心情迎接毕业。

（续表）

序 号	学习活动名称	活 动 目 标	活动中礼仪知行结合点描述
①	找不到眼镜	1. 能正确使用自己的学习用品。 2. 逐步养成整理和保管自己物品的良好习惯。	公共生活礼仪：知道整理自己的物品
②	今天我值日	1. 了解小学值日生的工作内容。 2. 愿做力所能及的事，有服务他人的意识。	交往过程礼仪：愿做力所能及的事，有服务他人的意识
③	上学的早晨	1. 知道小学生要合理安排时间，保证早晨准时到校。 2. 初步具有按计划做事的意识，懂得珍惜时间。	公共生活礼仪：有时间观念，养成惜时守纪的好习惯
④	勇气	1. 初步了解"勇气"的含义，能区别"勇气"和"莽撞"。 2. 知道生活中做许多事都需要勇气，愿意用各种方式迎接挑战，明白勇于克服困难才能成功。	交往过程礼仪：举手发言、倾听同伴讲话、主动询问、敢于认错
特设内容①	上学不迟到	1. 知道守时是好习惯，寻找不迟到的办法。 2. 争做一名守时、不迟到的小学生。	
特设内容②	礼仪歌	1. 尝试运用说唱形式，创编礼仪歌。 2. 体验与同伴合作创编儿歌的快乐。	
特设内容③	大家来排队	1. 知道每月的 11 日是"自觉排队日"，并了解数字"11"在排队日中的含义。 2. 敢于大胆表述自己的想法，养成自觉排队的好习惯。	
特设内容④	课间礼仪	1. 通过讨论、交流有关课间活动的问题，初步形成课间安全意识和课间礼仪意识。 2. 能够遵守课间礼仪，争做"课间礼仪之星"。	
特设内容⑤	感恩的心	1. 欣赏并学唱歌曲，做歌曲中基本的手语动作。 2. 体验歌曲中，与朋友、老师离别时依依不舍的情感。	
其他渗透点	阶段生活渗透点	1. 了解并遵守如厕基本规则。（学会等待不推挤，正确使用手纸，便后及时冲洗，正确洗手，不玩水等） 2. 走廊、室内不乱奔跑。 3. 乐意维护公共秩序，做礼仪使者。	
	阶段运动渗透点	1. 听指令做游戏，不做危险动作。 2. 及时穿脱衣服，擦汗等方法正确，注意自我保护。	
	阶段游戏渗透点	1. 有规则意识，遵守游戏规则。 2. 有合作精神，遇到困难一起克服，与同伴发生冲突时能够协商解决。	

附录三

主题学习活动列举

小班学习主题
—— 我的幼儿园

🍃 小班组

一、主题背景

新学期开始了，宝宝们各自离开家庭走进幼儿园。当他们离开那安全、亲切、熟悉的家庭环境，来到一个陌生、有着许多变化的集体环境中时，仿佛失去了依赖，感到害怕、孤独、烦躁，表现出忧郁、沉默或哭闹等行为现象。

蒙台梭利告诉我们，环境是有生命的，幼儿在与环境自由交互作用中，要通过选择有积极意义的事物来满足自我的需要。为帮助孩子们尽快熟悉环境、熟悉幼儿园、熟悉老师、熟悉同伴，我们开展了"我上幼儿园"这个主题活动，透过布置真实、自然、亲切的环境，让孩子们在幼儿园里找到家的感觉，发现家的痕迹，体验家的温暖。并通过有趣的游戏、亲近的生活、浓浓的关爱，使他们感受到幼儿园的快乐和温馨。

二、主题内容与要求

1. 乐于参加集体活动，体验幼儿园生活的快乐，能遵守简单的集体规则。

2. 喜欢上幼儿园，能与同伴友好相处。愿意和同伴一起游戏，体验与老师、同伴共同生活的乐趣。

3. 初步认识自己和他人的不同，熟悉老师和同伴，并愿意和大家打招呼，养成应答的习惯。

三、主题网络

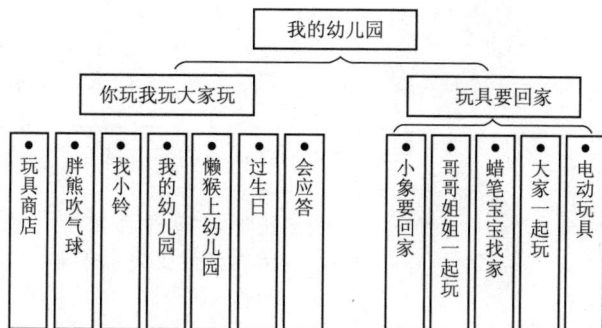

我的幼儿园

你玩我玩大家玩 —— 玩具商店、胖熊吹气球、找小铃、我的幼儿园、懒猴上幼儿园、过生日、会应答

玩具要回家 —— 小象要回家、哥哥姐姐一起玩、蜡笔宝宝找家、大家一起玩、电动玩具

四、内容选择与组织形式

教材内容	次级主题内容及目标		预设活动内容、形式提示点	生成活动列举
主题活动内容	学习	你玩我玩大家玩	愿意把自己的玩具拿来和好朋友一起分享。	玩具商店（语言） 胖熊吹气球（语言） 找小铃（音乐） 我的幼儿园（社会） 我爱上幼儿园（绘本） 过生日（美工） 懒猴上幼儿园（特设） 会应答（特设）	1. 小朋友爱上幼儿园 2. 我的名字 3. 电动玩具
		玩具要回家	能在老师的带领下，学着整理玩具。	大家一起玩（语言） 蜡笔宝宝找家（科学） 电动玩具（生成） 小象要回家（特设）	1. 我会拉粑粑 2. 气球真漂亮
	生活		1. 餐前知道要洗手，知道饭后漱口，摆放好餐具。 2. 会使用小勺独立进餐，掌握基本的用餐方法。 3. 会看标记，自己穿鞋子。	
	运动		1. 喜欢运动，尝试用各种材料和器械活动身体。 2. 学习一些基本运动方法和律动。	
	游戏		1. 能够交换玩具，轮流场地玩。 2. 乐意参加游戏，接受游戏常规，学习收拾玩具。	

五、环境创设与资源利用

主题环境创设	个别化学习		社区资源与家长工作
	活动内容	材料及玩法提示	
1. 教师以亲切的目光、温和的语气、和蔼的态度接待孩子，活动室内的装饰色彩鲜明、形象生动，为孩子营造一个愉快、宽松、温馨、可爱的环境氛围。 2. 在主题墙面上布置一幅"高高兴兴上幼儿园"的背景图，在小花的笑脸中贴每个幼儿的照片。 3. 经常播放欢快的儿童歌曲，作为"一日活动"的背景音乐，使幼儿拥有愉快的心情。	玩具找家 	材料：教室一角的玩具柜，分三层。 提示：让幼儿根据标记，把玩具宝宝送回家。	1. 家长帮忙收集各种玩具服饰，让幼儿玩玩具分类的游戏。 2. 家长和孩子收集各种关于玩具的知识，让幼儿对玩具的种类有一个大致了解。 3. 家长在家和孩子一起整理玩具，让孩子学会整理。
	胖熊吹气球 	材料：材料操作包、各色油画棒。 提示：按照自己的喜好，给气球涂上好看的颜色。	
	蜡笔找家 	材料：蜡笔、蜡笔盒子。 提示：自己按照蜡笔宝宝的颜色，把蜡笔宝宝送回盒子。	
	玩具商店 	材料：玩具柜、幼儿收集的玩具。 提示：让幼儿按照颜色、大小将玩具进行整理归类。	
	喂动物宝宝 	材料：兔子、小猫、小羊的头饰；棉球、雪花片、动物积木；小调羹。 提示：用小调羹或镊子把"食物"喂到小动物的嘴巴里。	
	头发卷卷 	材料：浴帽、彩色条形纸、固体胶、抹布。 提示：将彩色纸条粘贴在浴帽上，并用于理发店角色游戏中。	

（续表）

主题环境创设	个别化学习		社区资源与家长工作
	活动内容	材料及玩法提示	
	剪薯条 	材料：自制 KFC 架子、画有线条的纸、剪刀。 提示：用剪刀沿着纸上的线条剪下来，然后插入杯中。	
	拧瓶盖 	材料：瓶盖、盖子。 提示：根据瓶盖上的数字选择相应的瓶身进行配对、拧紧。	

六、学习活动方案一则

活动名称：小象要回家

活动目标：

1. 能根据提问，观察图意，理解故事内容，体会小象要回家的心情。

2. 学习短句：我的家在幼儿园的玩具柜里，××要回家。

3. 懂得幼儿园的玩具是给大家玩的，不能自己拿回家。

活动准备：

1. 课件《小象要回家》。

2. 玩具若干。

活动过程：

（一）欣赏图片，引入

1. 教师播放课件，请幼儿欣赏各种玩具图片。

提问：图片里有什么玩具？

2. 讲述故事。

师：今天老师带来一个故事叫《小象要回家》，我们来看一看这只小象为什么要回家！

（二）观察图意，根据提问，逐步感知故事内容，体会小象的心情

1. 教师播放课件"看图说话"的"第一页"，请幼儿仔细观察画面。

提问：元元在什么地方？手里拿着什么？

（播放课件中的"看故事"，欣赏故事第一段。）

提问：元元最喜欢幼儿园的哪个玩具？

2. 教师播放课件"看图说话"的"第二页"。

提问：元元把小象带去了哪里？

（播放课件中的"看故事"，欣赏故事第二段。）

提问：元元为什么要带小象回家？你们猜，去了元元家，小象觉得开心吗？为什么呢？（自由讨论，带疑问欣赏下一页）

3. 教师播放课件"看图说话"的"第三页"。

提问：小象看起来心情怎么样？

讨论：元元这么做对吗？他应该怎么做？（自由讨论）

4. 教师播放课件"看图说话"的"第四页"。

提问：元元带着小象去了哪里？现在小象开心吗？猜猜为什么？

（播放课件中的"看故事"，欣赏故事第四段。）

（三）完整欣赏故事，进一步体会小象的心情，懂得幼儿园的玩具不能自己拿回家

（教师播放课件"故事欣赏"，请幼儿完整欣赏故事内容。）

提问：小象为什么一定要回到幼儿园？

小结：幼儿园的玩具是给大家玩的，玩具们每天和那么多的小朋友玩，它们很高兴。现在小象回到了家，小象和象妈妈很高兴，元元也很高兴，他说，他再也不把幼儿园的玩具拿回家了。

（四）学习短句：我的家在幼儿园的玩具柜里，××要回家

1. 教师播放课件"学说短句"，请幼儿参与完成课件游戏，把玩具们送回家，在游戏中学说短句"我的家在幼儿园的玩具柜里，××要回家"。

2. 教师逐一出示实物玩具，说："××找不到家了。"请幼儿个别上前送

玩具回玩具柜里，并鼓励幼儿大胆地用"我的家在幼儿园的玩具柜里，××要回家"的句式表达。

小朋友，我们也要爱护自己班级里的玩具，记得每次要把玩好的玩具送回家哦！

七、活动案例（选编）

小象要回家

活动背景：

玩是幼儿的天性，玩具对小班孩子来说，吸引力特别大。玩玩具不但可以满足幼儿的需要，还可以寓教于乐。针对我班个别小朋友玩玩具时，把玩具扔地上或乱摆放的现象，我设计了这个活动，目的是让孩子养成玩完玩具后要"送回家"的好习惯，并让幼儿知道不是自己的东西不能拿。就像小朋友都有自己的家，幼儿园的玩具柜就是玩具宝宝的家，小朋友玩完，就应把它送回家。

活动实录：

活动一开始，我出示小象玩具，模仿小象哭声，引出故事。然后结合课件，让孩子熟悉故事内容，理解小象的心情。提问：元元在干什么？元元最喜欢谁？小象到元元家以后怎么样了？元元看到小象的样子，心情怎样？……孩子们带着问题听故事。听完故事后，又提出问题：元元最喜欢小象，他把小象带回哪里了？这样做对不对？帮助幼儿理解，爱护玩具但不能将玩具带回家。最后我还组织幼儿进行了情景表演，一起玩收玩具的游戏，帮助幼儿进一步练习玩完玩具送回家的过程。小朋友有自己的家，玩具也有自己的家，在幼儿园玩完玩具就应把玩具送回家，要不然它会很伤心。

活动反思：

整个活动中，孩子表现热情，参与度高，特别是小象的哭声深深吸引了孩子的好奇心，好奇心得到满足的过程也是孩子接受教育的过程。活动中，大多数幼儿都能参与，他们喜欢表达，效果良好。

结束部分，体验送玩具回家的环节，小朋友的秩序有些乱，可以采用一边播放音乐，一边让小朋友排队选择送自己喜欢的玩具回家的方式进行。最后，老师可以利用小象角色引导小朋友，加深小朋友的认知，知道幼儿园的玩具不能带回家。

八、主题评价

小班主题"我的幼儿园"基本经验评价表

经验领域	基 本 经 验	教师评价			家长评价		
		很棒	棒	加油	很棒	棒	加油
共同生活	喜欢过集体生活,体验幼儿园学习生活的快乐。						
	乐于参加集体活动,体验幼儿园生活的快乐,能遵守简单的集体规则。						
	知道饭前便后要勤洗手,养成卫生好习惯。						
	愿意和好朋友交换玩具玩,体验到交换玩的乐趣。						
探索世界	能积极参与户外运动,能避开危险的东西。						
	知道春天天气变化大,要学会自己调节运动量。						
	熟悉幼儿园、班级的环境,喜欢上美丽的福山同乐幼儿园。						
	了解春天天气的变化,能主动观察周围动植物的变化。						
	了解春天常见的传染病,知道预防的方法。						
表达表现	能听懂普通话,可以安静地听简短的故事。						
	能大胆演唱歌曲《玩具进行曲》。						
	能演唱歌曲《走路》,声音大而响亮。						
	积极参加音乐游戏,体验游戏的快乐。						
	能在老师的引导下,学会用拓印、撕贴等方法表现作品。						
	能告诉老师和同伴自己最近遇到的快乐的事情。						

老师对孩子的总体评价:

家长对孩子的总体评价:

九、主题小结

"我的幼儿园"主题活动,旨在带领幼儿逐渐认识集体,走入集体生活,并渐渐地喜欢集体生活。在主题开展的过程中,我们组织了各种各样的活动,让幼儿喜欢老师,感受到幼儿园的温暖。我们带领孩子参观美丽的园舍,与哥哥姐姐一起做游戏……童趣的环境、宽松的氛围,深深吸引了孩子们,使孩子们感受到了集体生活的愉快。对于哭闹不止、情绪不安的孩子,老师就像妈妈一样,用一些身体的语言给予抚慰和鼓励,如抱抱他们、亲亲他们、亲切热情地直呼孩子的小名、哄哄他、搀扶他,使初入园的孩子感到温暖和安全,使孩子在情感上得到满足,让孩子们感受到老师的关爱。渐渐地,孩子们表现得从不接受老师到接受老师——喜欢老师——离不开老师。在教学活动中,通过让孩子们唱唱《我爱我的幼儿园》、念念儿歌《上幼儿园》、做做游戏"找朋友""开火车"等一系列活动,让孩子们进一步感受幼儿园的快乐。

在活动中,我们将主题与礼仪特色有机结合。通过一系列活动,孩子们有了很大变化:情绪逐渐稳定,开始喜欢上幼儿园,并逐渐学会与人交往。如有的孩子生病,家长让其在家中休息,可孩子还是要上幼儿园。孩子们从互相不认识到成为伙伴、朋友,初步学会了关心、安慰同伴。

经过一段时间的锻炼,小朋友们有了初步的集体意识,逐渐养成良好的生活和学习习惯。刚入园时,有些小朋友没有集体意识,如活动中随意走动、坐不住,回答问题时争着说,不睡午觉等。现在他们能安静入睡,不影响他人,学会了正确的坐姿,建立了初步的集体规则意识。幼儿的自理能力也提高了:学会了自己吃饭,穿脱简单的衣服,上厕所时不拥挤,学会了洗手、擦手、喝水等一系列活动。

活动中,家长也积极配合我们的工作,及时反馈幼儿在家的表现,向教师了解幼儿在园的学习生活,保持了家园同步教育。但是,我们也发现小班幼儿的生活经验和生活自理能力比较贫乏,家长包办代替的现象比较严重。家长爱幼儿,但是缺乏家庭教育和生活引导的科学方法。教师有必要在以后的工作中,多与家长交流育儿方法,使孩子在家园共育下得到更好地发展。

自编礼仪歌谣选

个人礼仪

饭前要洗手
（王艺涵家长）

小脸盆，水清清，
小朋友们笑盈盈，
小手儿，伸出来，
洗一洗，白又净，
吃饭前，先洗手，
讲卫生，不得病。

吃饭歌
（张子凌家长）

小小勺子手中拿，
一口饭来一口菜。
安静吃饭不说话，
细嚼慢咽身体好。
残渣轻轻盘中放，
营养饭菜吃光光。
桌面地面都干净，
漱口擦嘴不要忘。

我是好宝宝
（尹贝瑶家长）

早晨要洗脸，
还要把牙刷。
衣服要整洁，
纽扣要扣好。
鞋子要穿正，
鞋带要系紧。

小螃蟹
（高翔家长）

小螃蟹，真骄傲，
横着身子到处跑，
吓跑鱼，撞倒虾，
一点也不懂礼貌。

吃饭礼仪
（吕柏蔨家长）

小猴小猴快坐好，
马上就要吃饭了。

番茄甜，莴笋鲜，
莲藕脆，芋头软。
每样都要多吃点，
身体健康长得高。
谢谢妈妈做大厨，
谢谢爸爸来洗碗。
我把桌子擦干净，
小猴你也别偷懒。
洗好苹果放好梨，
再来和我一起玩。

幼儿园之歌
（居旸岚妈妈）

小鸟催我早早起，
按时来到幼儿园。
见到老师和朋友，
点头微笑问声好。
互相谦让有秩序，
团结友爱不哭闹。
守纪律，爱劳动，
爱学习，勤思考。
讲文明，有礼貌，
我是福山好苗苗。

礼仪歌
（汪子墨家长）

小朋友，都知道，
礼貌用语要记牢；
见到老师问声好！
见到朋友问声早；
游戏时，不抢闹，
互相谦让玩得好；
走路要像小花猫，
脚步轻轻静悄悄；
小朋友，练站姿，
昂首挺胸身要正；
别人讲话认真听，
别人做事不打扰；
用餐时，细细嚼，
不浪费来不挑食；
果皮纸屑，进箱桶，
垃圾分类要放好；
尊长辈，爱幼小，
孝敬父母是孝道；
乘车记得礼和让，
文明礼让不忘掉。

交往礼仪

握 手
（何景行家长）

好朋友，迎面走，

你伸手，我伸手，
握一起，笑开口。

见长辈

（陈鉴羽家长）

见长辈，要鞠躬，

接东西，双手捧，

长辈言，莫打岔，

道别时，要行礼。

幼儿园里朋友多

（胡泽俊家长）

幼儿园里朋友多，

大家一起真快乐，

你跳舞，我唱歌，

团结友爱笑呵呵。

礼貌歌

（彭逸帆爸爸）

我是文明小福娃，

见到长辈问声好。

你来帮我谢谢你，

无心做错对不起。

福山同乐幼儿园，

快快乐乐笑哈哈。

文明礼仪儿歌

（方语菲妈妈）

好宝宝，讲文明。

礼貌用语要牢记。

早上见面说"你好"，

下午告别说"再见"！

需要帮忙"请"在先，

"谢谢""谢谢"要牢记。

做错事说"对不起"，

帮助人说"没关系"。

学本领，懂礼貌，

人人夸我好宝宝。

讲文明懂礼貌

（丁屹浦家长）

讲文明，懂礼貌，

熟人见面说"你好"，

见到长辈要说"您"，

找人帮忙先说"请"，

受人帮助说"谢谢"，

做错事情说"对不起"，

原谅别人说"没关系"，

讲文明，讲礼貌，

大家夸我好宝宝！

待客歌

（刘轩诚家长）

客人来，欢迎他。

请坐下，请喝茶。

客人问我，我回答。

做个大方的好娃娃。

客人走，送送他。

挥挥手，再见吧！

做　客

（吕柏菡家长）

小朋友，来我家，

亲亲热热把手拉。
端出糖果请你吃，
拿出玩具请你玩。
唱歌画画做游戏，
我们玩得笑哈哈。
朋友挥手说再见，
请我做客去他家。

哥俩好
（于谨赫、于谨宁家长）

手拉手，哥俩好，
从小有伴欢乐多。
大哥静，小弟动，
包容别人从小学。

好东西，齐分享，
从来不争也不抢。
偶尔有个小矛盾，
互相道歉好如初。
遇到困难怎么办，
互帮互助共成长。

递接物品
（郭东宁家长）

递物时，双手呈。
接平稳，手再松。
接物时，双手迎。
表感谢，把礼行。

公共礼仪

做个文明人
（吕柏菡家长）

乖乖宝贝请牢记，
公共场合别喧闹。
果皮纸屑不乱扔，
咳嗽喷嚏要捂嘴。
上街要走人行道，
马路看清红绿灯。
糖果玩具要分享，
见到熟人问声好。
从小就做文明人，
健康快乐懂礼貌。

上课礼仪
（高语晨家长）

叮铃铃，上课了。
小朋友们不吵闹，
上课专心来听讲，
先听老师提问题，
再举小手来回答，
大胆发言不害羞，
同伴回答仔细听，
不插嘴来不吵闹，
大家开动小脑筋，
学习本领真开心。

幼儿入园礼仪

（大一班：乔博远）

早入园，不迟到，
见到老师问声好；
小朋友，互问好，
招招手，眯眯笑；
洗小手，擦擦干，
养成卫生好习惯；
讲秩序，排好队，
做好晨检很重要；
上楼梯，不吵闹，
靠右行，不要跑；
进教室，见老师，
自己放好小书包；
别父母，说再见，
快乐幼儿园每一天。

一日生活三字经

（徐奕文家长）

清晨起，梳洗毕，
离家前，说再见，
到学校，问声好。
楼道内，靠右走，
教室内，不吵闹，
学本领，要听讲。
遇问题，手举高。

游戏时有礼貌

（冯之睿家长）

操场上，真热闹；
大家排队来做操。
滑滑梯，轮流玩，
跷跷板，两人玩，
自行车，交换玩，
不拥挤，懂规矩。
好东西，齐分享。
离开时，轻放板。
游戏也要有礼貌。

走楼梯的礼仪歌

（中三班：陆夏）

小鸟自己飞，
我会自己走。
来到楼梯口，
我会向右走。
小手扶栏杆，
小脚齐步走。
一二三，一二三，
排好队，不拥挤，
不奔跑，不打闹，
两只脚，交替走。
走楼梯的小礼仪，
宝宝牢牢记心里。

文明礼仪拍手歌

（王霄文）

你拍一、我拍一，
文明福娃懂礼仪；

你拍二、我拍二，
同伴互助好宝宝；
你拍三、我拍三，
自己事情自己干；
你拍四、我拍四，
做事不能自顾自；
你拍五、我拍五，
礼貌诚信好相处；
你拍六、我拍六，
行为规范要遵守；
你拍七、我拍七，
互助友好要牢记；
你拍八、我拍八，
尊敬师长人人夸；

你拍九、我拍九，
文明用语不离口；
你拍十、我拍十，
文明礼貌要坚持。

保护花草

春天到，多美好，
花草树木长得好。
我爱花，我爱草，
我爱青青小树苗。
不摘花，不踏草，
不折树枝不乱摇。
花草树木是朋友，
我们都要保护好。

礼仪三字经

早入园	不迟到	见老师	要问好	小朋友	也问到	别父母	勿忘掉
离园时	互道别	先老师	后同学	见父母	问声好	抱一抱	更乖巧
洗小手	不拥挤	排好队	卷起袖	洗手时	擦肥皂	洗完后	水关掉
小水杯	双手拿	接好水	慢慢走	喝水时	归原位	小心喝	不浪费
小椅子	双手拿	轻放好	再坐上	人离开	椅收起	爱护它	常擦洗
图画书	要爱护	轻轻翻	细细读	不弄脏	不损坏	书小弟	乐开怀
小玩具	真新奇	大家玩	才有趣	懂谦让	知爱惜	共分享	更知礼
小食品	甜又香	尊长辈	您先尝	你也吃	我也吃	好朋友	共分享
学习时	要做好	认真听	勤思考	要提问	手举起	回答时	字清晰
在户外	做游戏	与老师	不远离	集合时	收玩具	守规则	讲秩序